누구나 쉽게
하는 가죽공예 **핸드메이드**
PRODUCTION OF HANDMADE LEATHER BAG
가죽가방 만들기

ㅁㅅㄴ

CONTENTS
차 례

- 4 필요한 도구와 재료
- 17 가방 만들기 좋은 가죽
- 20 염료 사용법
- 22 가죽의 기초 지식

- 24 기초 지식

가방 만들기의 기본 —토트백 제작—

- 24 1. 패턴 제작하기
- 31 2. 가죽 구입하기
- 32 3. 가죽 한 장에서 재단하기
- 33 4. 각 파츠를 재단하기
- 37 5. 바느질 선 긋기
- 38 6. 목타 치기
- 41 7. 가죽 붙이기
- 43 8. 파츠를 바느질하기
- 48 9. 단면 다듬기
- 49 10. 토트백 완성까지
- 89 SPECIAL THANKS
    TURKEY'S HAND MADE LEATHER WORKS

90 제작 해설① 명함지갑

- 91 패턴
- 93 각 파츠의 제작
- 96 전체 조립
- 104 오일 바르기
- 105 SPECIAL THANKS 가죽공방 K

106 제작 해설② 포셰트 —숄더백—

- 110 편리하게 패턴 만들기
- 112 기본 파츠 재단하기
- 114 본판 주변 파츠 만들기
- 119 본판 주변 파츠 마무리
- 121 옆판 만들기
- 131 본판과 옆판을 바느질하기
- 135 마무리
- 137 SPECIAL THANKS 가죽공방 피오지이

138 제작 해설③ 서류가방

- 139 패턴
- 142 파이핑용 패턴 제작
- 144 기본 파츠의 재단
- 146 손잡이 만들기
- 158 본판 만들기
- 168 옆판 만들기
- 182 가방 조립하기
- 189 SPECIAL THANKS 오카다 손바느질 가방 교실

- 190 가죽공예 업체 정보

토트백 P24-P88

명함지갑 P90-P104

포세트 P106-P136

서류가방 P138-P188

누구나 쉽게 하는 가죽공예 PRODUCTION OF HANDMADE LEATHER BAG
핸드메이드 가죽가방 만들기

TOOL AND MATERIAL
필요한 도구와 재료

여기서는 가죽제품을 만들 때 빼놓을 수 없는 도구와 재료를 소개합니다. 모든 아이템은 23쪽에서 소개하는 교신 엘르에서 취급하므로 상세한 사이즈 등은 교신 엘르에 문의하기 바랍니다.

주의 : 가격은 2009년 기준이며 변동되거나 품절될 수 있습니다.
[역주] 제품의 종류와 크기, 수치는 한국과 상이하므로 유의.

재 단

먼저 가죽을 자르기 위해 필요한 도구를 소개합니다. 가죽의 종류나 두께에 따라 도구를 달리 하면 작업효율이 높아질 수 있습니다.

압축비닐판
가죽을 재단할 때 아래에 놓고 사용한다. 전부 4개 사이즈가 라인업되어 있으므로 필요한 사이즈를 준비하면 된다.
¥1,890~

라운드나이프(환도)
용도는 아래에 소개하는 구두칼과 동일하나, 독특한 라운드 형태를 띠고 있어서, 재단할 때도 피할 때도 쓸 수 있는 나이프. 일명 반월도
¥15,960

구두칼
가죽 자르는 용도의 칼. 왼쪽부터 둥근날, 사선, 폭 24㎜, 폭 36㎜ 순이며, 칼 끝을 갈아서 오랫동안 사용할 수 있다.
¥1,837~

자동 커터 / 손잡이형 구두칼 / 안전 로터리 커터
얇은 가죽을 재단할 때 편리한 NT커터. 로터리커터는 부드러운 가죽을 재단할 때 최적. 손잡이형 구두칼은 구두칼과 용도가 동일하고, 날이 닳으면 칼날을 교환해서 사용할 수 있다.

¥367 / ¥693 / ¥1,680

수퍼 가위 / 일반 가위
둘 다 가죽용 가위. 두꺼운 가죽에는 사용할 수 없고, 부드러운 가죽을 재단하는 용도의 아이템.

¥945 / ¥1,659

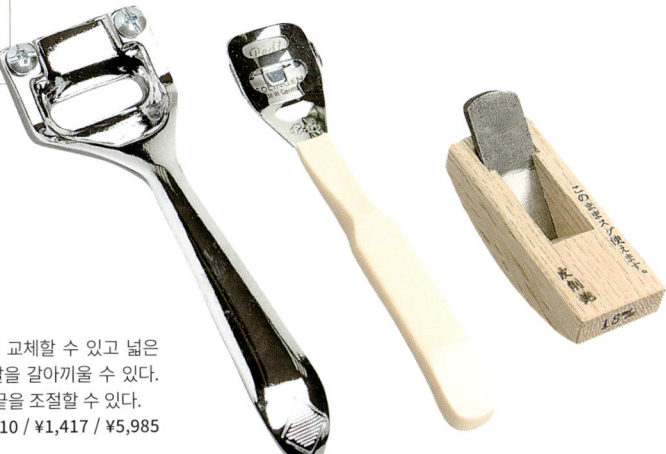

수퍼 스키버 / 패디 / 대패
피할용 공구. 수퍼 스키버는 날을 교체할 수 있고 넓은 면적에 사용할 때 편리. 페티도 날을 갈아끼울 수 있다. 대패는 갈아가며 재사용하고, 칼 끝을 조절할 수 있다.

¥2,310 / ¥1,417 / ¥5,985

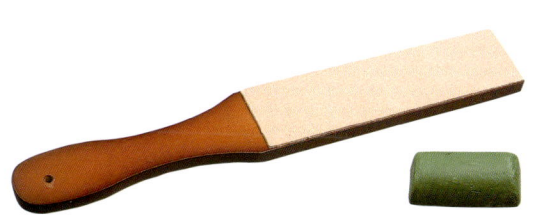

루즈 스틱대 / 청봉
숫돌에 간 칼을 연마하는 도구. 루즈 스틱대 바닥에 청봉을 문질러서 사용한다.

¥420 / ¥367

후드게이지
가죽 두께를 재는 도구. 컴팩트한 손 사이즈로, 금속장식의 내경이나 외경, 두께, 깊이 등을 측정할 수 있다.

¥7,245

테두리와 바닥면 처리

작품을 깔끔하게 마감하기 위해 중요한 공정인 단면 마감 도구입니다. 제대로 된 도구와 처리제를 사용하여 제대로 마감합시다.

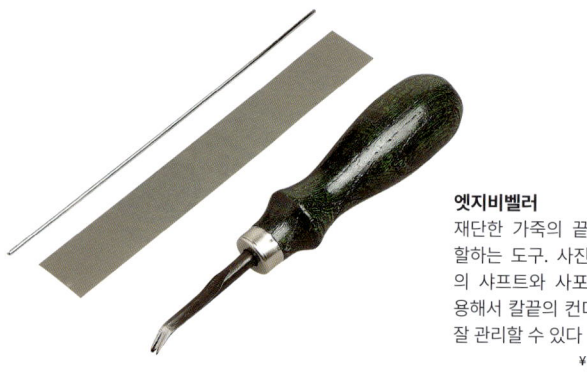

엣지비벨러
재단한 가죽의 끝을 피할하는 도구. 사진 왼쪽의 샤프트와 사포를 사용해서 칼끝의 컨디션을 잘 관리할 수 있다

¥1,995

미니드레서 / NT드레서 평면형 / NT드레서 곡면형
단면 평평하게 다듬는 줄. 미니와 곡선형은 섬세한 부분을 다듬을 때 쓴다. NT 드레서는 날을 갈 수 있다.

¥420 / ¥945 / ¥1,050

엣지슬리커 / 만능 스틱 / 헤라형 엣지슬리커 / 목제 원형 엣지슬리커
처리제를 바른 단면을 연마하는 도구. 엣지슬리커와 만능 스틱은 옆면에 붙은 굴곡에 끼워서 사용하고, 단면을 가죽의 두께에 맞추어 효율적으로 연마할 수 있다. 헤라형 엣지슬리커는 헤라 부분을 본드칠에 사용할 수 있다. 목제 원형 엣지슬리커는 합리적인 가격에 구매할 수 있는 최적의 아이템

¥2,625 / ¥1,312 / ¥525 / ¥315

유리판
마감제를 바를 때 문지르고 연마할 수 있는 판. 피할시에도 활용 가능

¥1,627

왼쪽 위 **토코놀** /
오른쪽 위 **CMC** /
아래 **코바왁스** /
단면이나 뒷면을 다듬는 마감제. 코바왁스는 열에 녹여서 사용한다. CMC와 토코놀은 가죽에 발라 다듬어 사용한다. CMC는 물에 녹여서 사용하기 때문에 초보는 토코놀이 편하다.

¥420~ / ¥735 / ¥294

필요한 도구와 재료

TOOLS AND MATERIAL

엣지코트 / 코바잉크 / 이리스 단면마감제
단면이나 뒷면에 발라 사용하는 마감제. 코바잉크는 단면을 염색하는 염료여서, 그 위에 마감제를 발라서 작업을 종료한다. 엣지코트와 이리스 단면마감제는 이것만 발라도 마감을 끝낼 수 있다.

¥1,050 / ¥661 / ¥1,239

접 착

가죽과 가죽을 붙이는 용도의 접착제는 가죽공예에 없어서는 안 되는 아이템입니다. 여러 종류의 접착제마다 특징이 있으므로 용도에 따라 선택합시다.

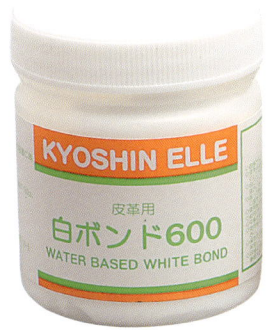
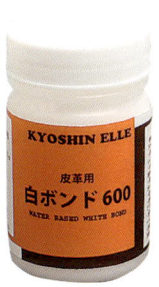

흰본드#600 / 흰본드#100
수성 본드여서 물에 타서 사용할 수 있다. 건조가 늦으므로 접착 전에 좀 말려서 써야 한다. #600은 농도가 짙어서 금속을 끼울 때 좋다.

¥357~ / ¥462~

본드 / 엘르 수퍼본드 / 클리어본드
본드는 붙이는 부분이 딱딱해지지 않기 때문에 전체를 붙일 때 사용한다. 다만 접착력이 낮으므로 주의한다. 엘르 슈프본드는 접착력이 좋다. 클리어본드는 무색 접착제.

¥525~ / ¥661~ / ¥514

고무브러시 / 헤라 / 미니 헤라
접착제를 펼쳐 바를 때 사용. 고무브러시는 넓은 면에 바르거나 요철있는 면에 펴바를 때 효과적이다.
¥126 / ¥472 / ¥210

롤러
가죽끼리 붙인 후 위에서 눌러가며 굴린다.
¥924

구멍 뚫기

바느질이나 금속장식을 끼우기 위해 필요한 구멍을 뚫기 위한 공구는, 손바느질이나 가죽제품을 만들기 위해 필수적인 아이템입니다. 용도에 맞는 공구를 사용합시다.

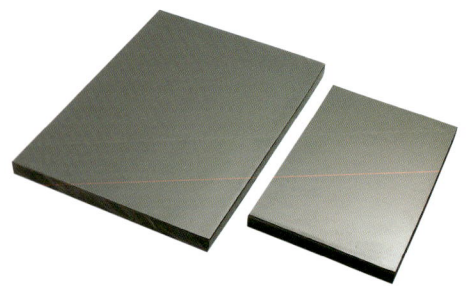

고무판
목타나 펀치를 뚫는 등 가죽에 구멍을 낼 때 가죽 밑에 받친다.
¥262~

펠트
고무판 아래 받치면 방음효과가 있다. 크기 300×300mm, 두께 6mm
¥1,050

나무망치 / 큰 나무망치 / 플라스틱 망치
구멍 뚫는 공구를 때리는 용도의 망치. 무거운 것은 펀치를 뚫을 때, 가벼운 것은 목타를 칠 때 사용한다.
¥840 / ¥1,260~ / ¥2,730

마스터 말렛 / 가죽 말렛
작은 힘으로 효과적으로 타격할 수 있는 나일론 재질의 망치. 마스터 말렛에는 접촉면에 평균적인 힘이 가해지므로 균형 잡기 좋다.
¥10,500~ / ¥12,600

TOOLS AND MATERIAL

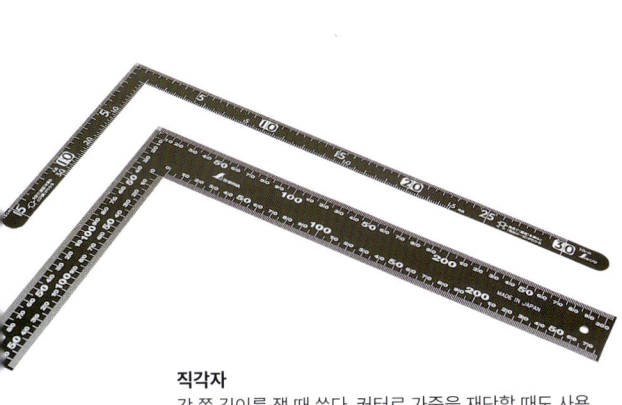

직각자
각 쪽 길이를 잴 때 쓴다. 커터로 가죽을 재단할 때도 사용
¥367~

연필 / 은펜
사진 왼쪽 2개가 연필, 오른쪽 2개가 은펜. 연필은 트레이싱지에 도안할 때 사용하고, 은펜은 패턴을 가죽 위에 놓고 표시할 때 사용한다.
¥399~ / ¥315~

스티칭 그루버 / 크리저 / 가죽용 콤퍼스 / 디바이더
모두 선을 긋기 위한 공구. 가죽에 재봉선을 표시하는 스티칭 그루버는 어느 정도 두께가 있는 가죽에 사용한다. 크리저는 바느질 선이나 장식선을 그을 때 최적의 아이템. 가죽용 콤퍼스와 디바이더의 용도는 같은데, 펀치 위치 등을 표시할 때 쓴다.
¥1,312~ / ¥1,785~ / ¥2,625 / ¥819

스티치 룰렛
끝에 붙은 톱날을 회전해서 재봉선을 표시하는 도구. 톱날은 교체할 수 있고, 3.5, 4.5, 5.5mm 폭이 있다.
¥1,522

둥근송곳 / 마름 송곳
마름 송곳은 사선 목타용 구멍을 뚫는 도구. 원형 송곳은 금속장식 위치나 가죽에 패턴 위치를 표시하는 용도로 사용한다.
¥378 / ¥787~

사선 목타 / 다이아몬드 목타
칼 끝이 사선인 목타는 바느질 선이 깔끔하게 뚫린다. 날수가 많은 것은 직선용이고, 적은 것은 곡선 부분에 구멍을 뚫을 때 사용한다.

¥420~

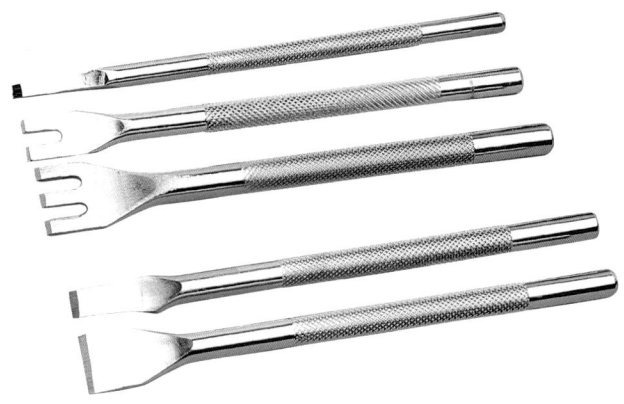

일자 목타
사선 목타 / 다이아몬드 목타는 바느질용이고, 일자 목타는 레이스를 짤 때 쓴다. 날의 폭이 넓은 것은 금속장식을 달기 위해 구멍을 낼 때 사용한다.

¥273~

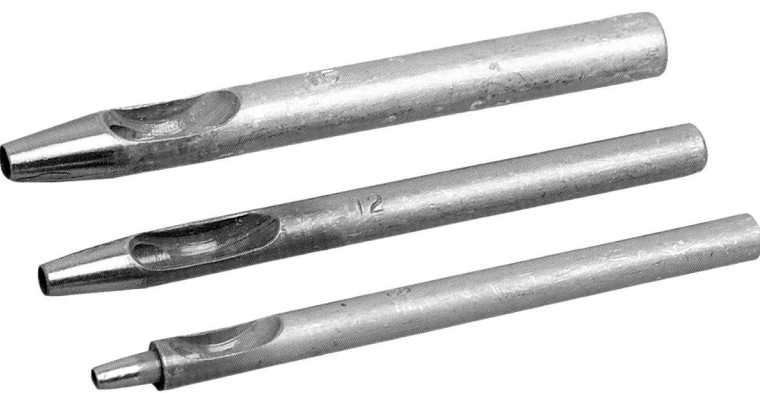

원형 펀치
작은 구멍을 뚫을 때나 금속장식을 달기 위해 원형 구멍을 뚫기 위해 사용하는 공구. 사이즈는 직경 0.6㎜부터 30cm 이상까지 다양하게 있으므로 원하는 사이즈대로 골라서 쓰면 된다.

¥367~

필요한 도구와 재료

쉐이프 펀치
가죽에 여러 형태의 구멍을 뚫는 펀치. 디자인은 다이아몬드, 하트, 별 등 다양한 종류가 있고, 오리지널리티를 높이기 위해 사용할 수 있다.
¥840

타원 펀치
벨트 등의 타원 구멍을 뚫는 공구. 사이즈가 다양해서 12mm에서 21mm까지 있다.
¥3,360~

아일렛 / 리벳 / 링도트 펀치 / 스프링도트 펀치
다양한 금속장식을 달기 위한 도구들. 금속장식의 종류에 따라 공구가 다르고, 아일렛 펀치의 경우 종발이 따로 필요하다.
¥1,260~ / ¥315~ / ¥367 / ¥504

만능 종발 / 원형 종발
펀치류를 쓸 때 가죽 아래에 놓는 받침대. 만능 받침대는 6종류 금속장식에 맞고, 무게가 있으므로 문진으로도 사용할 수 있다.
¥1,312 / ¥472

바느질 하기

가죽을 바느질하려면 실은 물론 바늘도 필요합니다. 실색이 다양하므로 작품의 분위기에 맞추어 고릅시다.

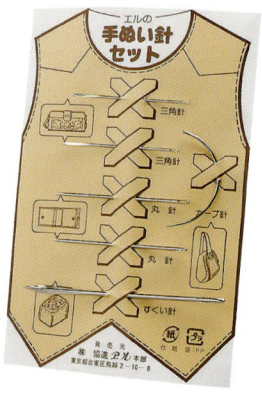

바늘
목타 등으로 뚫은 구멍으로 실을 통과하는 도구. 둥근 바늘과 삼각 바늘을 사용한다. 사진은 바느질 세트.
¥157~

왼쪽 **왁스**
오른쪽 **밀랍**
오른쪽 아래 **미니왁스**
손바느질을 할 때는 실이 헤지지 않게 왁스를 바른다. 실의 강도도 높아지고 바느질 할 때 풀어지지 않게 보조해주는 역할. 가방을 제작할 때는 밀랍이 적절하다.
¥703 / ¥525 / ¥178

왼쪽 위 **라미사** / 오른쪽 위 **시뉴사** / 아래 **리넨실**
라미사는 리넨실과 합성사를 섞은 것. 시뉴는 동물의 힘줄로 만든 실과 비슷하게 만든 것으로, 두껍기 때문에 원하는 두께로 실을 갈라서 사용할 수 있다. 리넨실은 왁스를 바르지 않은 마로 만든 실. 사용할 때는 왁스를 바르는 경우가 일반적이다.
¥1,050~ / ¥577~ / ¥252~

레이싱 포니
최대 30cm 크기의 가죽을 고정할 수 있는 아이템. 가죽을 확실히 고정할 수 있어서 손바느질 시 작업이 용이하다.
¥15,540

스티칭 포니
12cm 크기의 가죽을 고정할 수 있는 손바느질 도구. 벨트 등 소품을 바느질할 때 사용한다. 다리로 눌러 고정한다.
¥3,675

필요한 도구와 재료
TOOLS AND MATERIAL

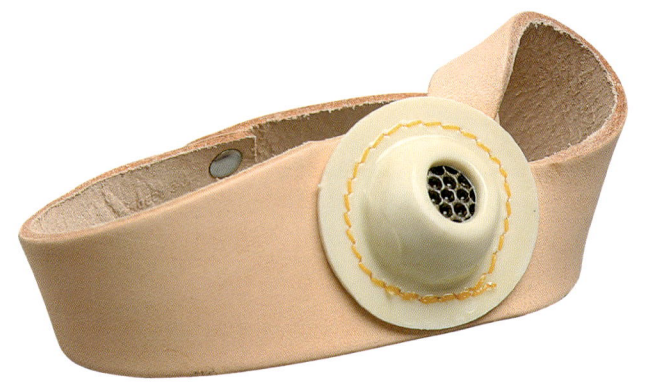

소잉 밴드
두꺼운 가죽을 손바느질 할 때 편리한 아이템. 오른손에 끼고 사용하면 엄지로 바늘을 가죽에 끼울 때 편하게 사용할 수 있다.
¥3,150

염색

오리지널리티를 추구하기 위해 염색은 빠질 수 없는 공정입니다. 염료 종류에 따라 같은 색이더라도 미묘한 차이가 살아나기 때문에 기억해 둡시다.

각종 붓
염료를 가죽에 바르기 위한 붓의 종류는 아주 다양하다. 좁은 부분에는 작은 붓, 넓은 부분에는 큰 붓을 쓴다. 또한 문지르는 붓은 문자 그대로 염료를 문질러서 채색할 때 쓴다.
¥136~

염색약
물이나 알콜을 타서 사용하는 염색약. 사용이 편리해서 초보자도 안심하고 편하게 쓸 수 있다.
¥388~

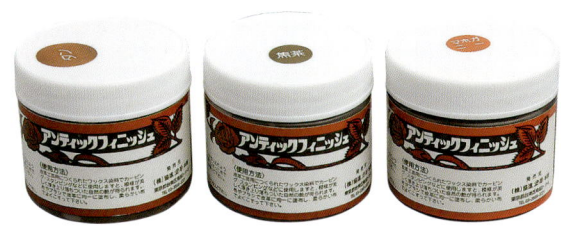

앤티크 피니시
바르면 요철 부분에 음영을 주어서 고풍스러운 마감 처리를 할 수 있다. 수용성이고 독특한 느낌으로 마감된다
¥682

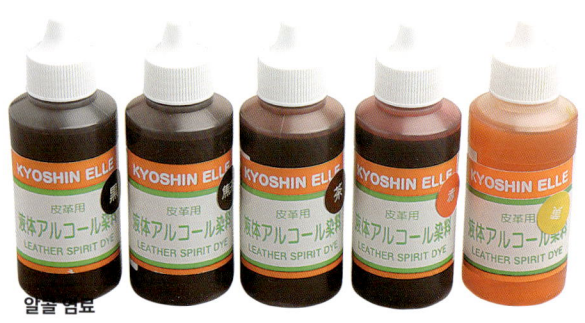

레더 다이
염색이 잘 되어서 확실하게 색을 입힐 수 있는 재료. 원액 그대로를 써도 되고 알콜을 섞어도 된다. 전용 솜으로 문질러서 바른다.

¥682~

알콜 염료
알콜을 섞어 사용하는 염색약. 투광성이 좋고 차분한 마감을 연출한다. 빛을 받더라도 퇴색이 잘 되지 않는다. 마감할 때는 시어겔 등을 사용한다.

¥399~

마감

직접 만든 작품을 보다 깔끔하게 만들어주는 것이 마감제입니다. 마감제의 유무에 따라 내구성도 차이가 나므로 꼭 사용해야 하는 아이템입니다.

니트 풋 오일 / 오일 왁스
니트 풋 오일은 100% 순수한 우지로 만들어졌다. 바르면 가죽이 부드러워지고 방수도 된다 오일 왁스는 표면에 바르면 광택이 난다. 둘 다 오일 타입 마감제

¥840~ / ¥630

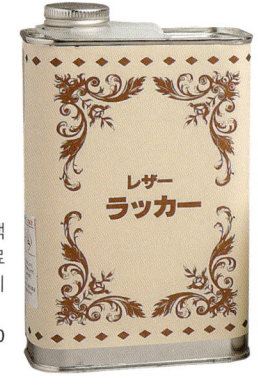
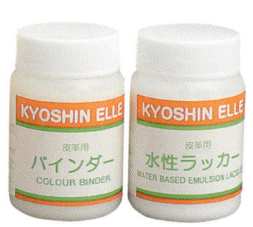

레더 락커 / 바인더 / 수성 락커 / 시어겔
레더 락커는 염색 후에 바인더 위에 바르는 제품으로 염색약을 고착하고 방수효과를 낸다. 수성 락커는 염료나 안료로도 사용 가능해서 광택이 자연스럽다. 시어겔은 스프레이 타입이어서 간편하게 광을 낼 수 있다.

¥871~ / ¥294~ / ¥525 / ¥1,260

필요한 도구와 재료

가죽공예 세트

교신 엘르에서는 가죽공예를 처음 시작하는 사람들에게 적당한 도구를 패키징하여 세트로 라인업했습니다. 입문용으로 최적입니다.

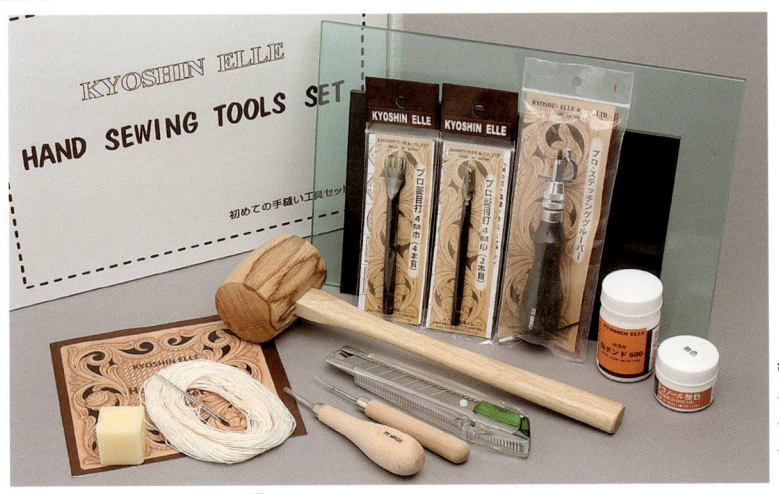

핸드소잉 풀세트
손바느질에 필요한 도구를 모아놓은 기본 공구 세트. 사선 목타, 나무망치, 바늘 등이 세트로 구성되어 있고, 기본적인 손바느질 매뉴얼도 들어있다.
¥8,190

핸드소잉 베이직 세트
손바느질로 가죽 작품을 만들 때 필요한 아이템 세트. 목타, 마름 송곳, 바늘, 왁스 먹인 실, 접착제 등이 들어 있고 케이스와 간단한 매뉴얼도 첨부
¥2,992

마름 송곳 목타 세트
2날, 4날 사선 목타와 마름 송곳 세트. 사이즈가 3종류 있으므로 메인 용도에 맞추어서 선택 가능
¥2,205

엣지 비벨러 그루버 세트
날폭이 다른 2종류의 엣지 비벨러와 스티칭 그루버 세트
¥3,150

마름 송곳 3종 세트
날 종류가 다른 3종류의 마름 송곳 세트. 사이즈는 소·중·대 3종류이다
¥2,677

엣지 비벨러 3종 세트
가죽 자르는 기능이 탁월해서 스트레스 받지 않고 작업할 수 있는 비벨러 3종 세트
¥5,460

그루버 & 룰렛 세트
바느질 선 긋는 용도의 스티칭 그루버와 4 패턴의 피치가 달린 스티칭 그루버 세트
¥4,515

기타 용품

꼭 필요한 것은 아니지만 작품의 기능성이나 장식성을 더해주는 용품을 소개합니다.

D링 / 사각링 / 개고리
가죽에 연결해서 사용하는 링 종류. 사이즈와 형태가 다양한데, 가방을 만들 때 비교적 자주 사용되는 종류는 위와 같다.
¥189~ / ¥157~ / ¥325~

각종 금속장식
아일렛, 호크, 자석 등 디자인이나 기능성을 더해주는 금속장식. 다양한 종류가 라인업 되어 있다.
¥210~

지퍼
가방 입구나 포켓에 다는 지퍼. 다양한 사이즈가 있으므로 지퍼를 달 부분에 맞추어 선택하면 된다.
¥78~

APPROPRIATE FOR BAG
가방 만들기 좋은 가죽

가죽공예에 사용하는 가죽은 종류가 다양하고 특징도 다 다릅니다. 여기서는 가죽 가방에 적당한 가죽을 소개하고 있으므로, 가죽을 고를 때 참고하십시오.

가죽 판매처를 방문해서 살펴보면 가죽의 종류가 매우 다양하다는 것을 느낄 수 있습니다. 동물의 종류도 소, 돼지, 사슴, 말, 염소 등이 있고, 부위에 따라서도 성질이나 특징이 크게 다르고, 가공 형태에 따라 가격도 달라집니다. 또한 컬러 바리에이션도 다양합니다. 여기에서 소개하는 가죽은 '가방을 만들 때 적당한 가죽'으로 교신 엘르에서 취급하는 수많은 종류 중에서 엄선하여 받은 가죽입니다. 기재된 가격은 1데시(가죽 사이즈를 표시하는 단위. 1데시는 가로 10cm × 세로 10cm)* 에 해당되는 가격으로, 실제의 가죽의 가격은 '데시 단위 × 해당 가죽의 데시 수'가 되기 때문에 구입하는 가죽의 크기에 따라 달라집니다. 또한 가죽 가격은 수시로 바뀌므로 기재된 가격은 참고 정도로만 사용합시다.

[역주] 한국은 '평'(30cm×30cm)을 계측 단위로 사용한다.

EU 더블벗 생지

결이 부드러운 질 좋은 생지 가죽으로, 최근 가죽공예인에게 인기가 좋은 가죽. 은면은 결이 곱고 염색도 할 수 있지만 염색을 하지 않아도 사용할 수 있다. 더블벗(P20 참고)으로 잘라서 버리는 부위(로스) 없이 사용할 수 있는 점도 인기가 높은 이유이다.

¥156/ds~

아메리칸 오일

가죽공예가 탄생한 초기부터 인기 있었던 가죽. 오일을 머금은 탄닌 소 생지 가죽. 카빙하기에 좋아서 가방 뿐 아니라 인테리어나 소품 제작에도 사용된다. 염색 가능

¥111 / ds~

마리오넷

오일을 많이 머금은 탄닌 무두질 소 생지 가죽. 생지 가죽은 자연스러운 느낌과 사용할수록 광택이 나는 특징이 있어 많은 사람들에게 사랑받고 있다. 탄닌 무두질 가죽으로선 특이하게 흰색이다. 염색 불가

¥93 / ds

도이츠 누메 그레이징

유럽산 원피를 탄닌 무두질한 최고급 생지 가죽. 표면이 오염되지 않도록 그레이싱 가공을 했다. 사용할수록 갈색으로 변해간다. 염색 불가.

¥137 / ds

투스카나

손으로 만지면 촉촉하고 사용할수록 색이 짙어지는 이탈리아 가죽. 탄닌 무두질한 가죽이기 때문에 잔주름이 있어서 상처가 잘 나지 않는 특징이 있다. 컬러 바리에이션은 검정, 초록, 초콜릿 3색. 염색불가

¥158 / ds

고트 슈렁크

고트(산양) 가죽으로 만들었고 볼륨감 있는 잔주름이 인상적이다. 1장 사이즈가 가방 만들기에 좋아서 초보가 만들기에 가격면에서 좋다. 컬러는 10종류가 있고, 1장의 사이즈는 약 65/ds(7평). 염색 불가능

¥95 / ds

엘크스킨

뉴질랜드산 큰 사슴. 사슴 가죽 전반을 부르는 명칭이지만 내구성이 강하고 변형되지 않는 특징이 있다. 가죽 레이스나 장식에 사용하면 수공예 느낌을 낼 수 있다. 염색 가능

¥126 / ds

피기 라이트

안감으로 많이 사용하는 돈피이지만, 피기 라이트는 겉피용으로 만들어졌다. 오일과 왁스를 배합해서 마감해서 풍미가 있고, 손주름 마감을 넣어 독특한 문의가 특징적이다. 가격이 낮고 가위로도 재단할 수 있다. 염색 불가.

¥69 / ds

피콜로

은면의 잔주름을 처리하지 않은 돼지 생지 가죽. 스크래치에 강해서 안감으로 많이 사용된다. 무색 가죽은 염색해서 사용하는 게 일반적이므로, 겉감에 맞추어 염색해서 사용한다.

¥65 / ds~

How to use of dyestuff
염료 사용법

가죽 종류에 따라 컬러 라인업도 다양하지만 오리지널리티가 있는 작품을 만들려면 염색이 필수입니다. 기본적인 2종류의 기본적인 염색법을 소개합니다.

천뭉치로 염색하기

염색 범위가 좁을 때 효과적입니다. 탁본할 때 쓰는 천뭉치나 스폰지를 사용해서 누구나 간단히 염색할 수 있는 방법입니다. 자투리 가죽에 색 배합을 확인해가면서 작업합시다.

01 먼저 필요한 양만큼 염료를 용기에 담는다. 알코올 염료인 '레더 다이'를 사용해서 작업하였다.

02 염료를 원하는 색보다 옅게 묻힌다. 색이 짙어질 때까지 반복해서 두드린다.

문지르듯이 염색해 나간다. 염료를 덧칠해 가면서 색을 짙게 할 수 있다. 다만 알코올 염요를 사용할 때는 지나치게 반복해서 문지르다보면 표면이 딱딱해질 수 있으니 주의한다. 원하는 색이 나온 후 표면에 마감제를 바르면 작업 종료.

03

붓으로 바르기

가죽의 넓은 부위를 염색할 때는 붓을 사용합니다.
소품보다는 가방 등에서 활용할 수 있는 방법입니다.

01 먼저 작업을 고르게 하기 위해 전체에 물을 바른다. 너무 많이 바르면 가죽이 딱딱해지므로 주의

02 다음으로, 물로 희석한 수성염료를 붓으로 바른다. 천뭉치로 염색할 때와 동일하게 겹쳐 바르며 색을 진하게 한다.

염료가 확실히 마른 것을 확인한 다음 마감제를 바른다. 염료에 따라 건조에 2~3일 걸리는 경우도 있으므로 사용하는 염료의 설명서를 확인할 필요가 있다. 붓은 염색 면적과 취향에 따라 다양하게 선택할 수 있다. **03**

1 염료 종류는 다양해서 그 취급법에 따라 같은 가죽에도 표현이 달리 나타난다.
2 표면에 마감제를 격자형태로 바른 가죽을 염색한 것.

LEATHER BASIC KNOWLEDGE
가죽의 기초 지식

가방 제작을 시작하기에 앞서 가죽의 기초 지식과 더불어 각 부위의 명칭과 섬유 방향을 알아봅시다. 가죽을 고를 때 도움이 될 것입니다.

부위별 명칭과 섬유 방향

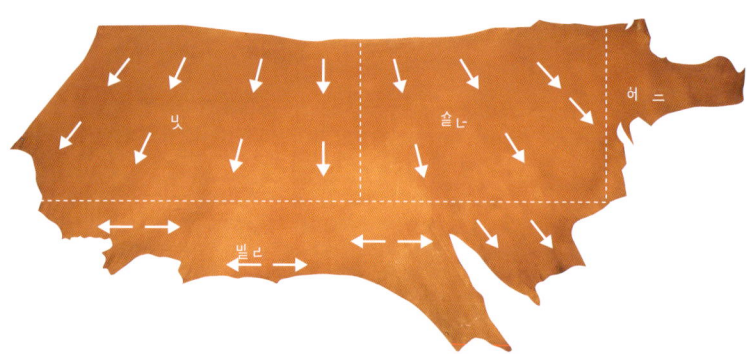

가죽공예에 사용하는 가죽에는 섬유 방향이 있어서 부위에 따라 방향도 다릅니다. 왼쪽 사진에 표시된 방향은 강하고(늘어나지 않음), 직각 방향은 약하다는(잘 늘어남) 특징이 있어서 용도에 따라 방향을 고려해서 재단할 필요가 있습니다.

특히 벗(엉덩이) 부분은 구부러지는 방향과 섬유 방향을 통일해서 재단하면 깔끔해집니다. 미리 재단된 가죽을 사용할 때는 아래위로 당겨서 확인해봅시다. 또한 반 마리(등을 중심으로 좌우로 나눈 것) 1장 사이즈는 약 230데시(26평) 정도의 넓이입니다.

■ 더블숄더란?

가죽의 숄더 부분만 잘라낸 것이 더블 숄더. 목 주변은 주름이 많으므로 독특한 느낌을 낸다.

■ 더블벗이란?

더블숄더와 동일하게 엉덩이 부분을 잘라낸 것. 주름이 적고 다양한 곳에 사용할 수 있다.

SPECIAL THANKS

교신 엘르
〒111-0054 도쿄도 다이토구 도리고에 2-10-8
TEL 03-3866-3221(대표)　FAX 03-3866-3226
영업시간 9:00-17:30　휴무 토, 일, 공휴일
URL http://www.kyoshin-elle.co.jp
e-mail leather-craft@kyoshin-elle.co.jp

알파 엘르 (교신 엘르 1층 숍)
영업시간 9:00-17:30　휴무 토, 일, 공휴일
e-mail alpha@kyoshin-elle.co.jp

가죽 공예에 필요한 아이템을 모두
취급하는 안테나 숍

　지금까지 소개한 도구와 가죽을 제공한 숍은 도쿄도 다이토구에서 가죽 전문 숍 '알파 엘르'를 운영하는 교신 엘르입니다. 알파 엘르는 가죽 제품을 만드는 데 필요한 도구와 재료, 다양한 종류의 가죽 등의 구입은 물론, 방문객들에게 최신 레더 크래프트 정보를 제공 해주는 안테나 숍으로 많은 사람들에게 사랑 받고 있습니다. 직원들이 친절하고 편안한 분위기도 인기의 이유로 들 수 있습니다. 가죽 지식과 기술이 풍부하므로 작업하다 막히는 것이 있다면 부담 없이 물어 봅시다. 도구는 모두 알기 쉽게 정렬되어 있으므로, 지금 막 시작하는 초보자에게도 적합합니다. 교신 엘르 카탈로그는 홈페이지에서 확인할 수 있습니다.

1・2 가게에는 많은 도구와 재료가 빽빽하게 늘어서 있으며, 금속장식도 라인업 되어 있습니다. 또한 종류별로 정렬되어 있어 아이템을 찾기 쉽습니다.
3 지하 1층의 엘르 가죽 공예 연구소에는 다양한 가죽공예 클래스가 열려서 연일 사람이 북적입니다. 가방 제작, 카빙, 염색 등의 클래스가 있습니다. 관심 있는 분은 연락주세요

BASIC TECHNIC
가방 만들기의 기본 —토트백 제작—

가방 만들기의 기본을 배우기 위해서는 사각형의 심플한 토트백을 만들어보는 것이 제일 좋습니다.
여기서는 패턴 제작부터 가죽 구입법, 그리고 재단에서 바느질까지, 모든 공정을 설명합니다.

가죽가방을 만들기 위해서는 수많은 작업 공정을 거쳐야 합니다. 당연하게도 제작하는 가방의 형태에 따라 작업 공정도 조금씩 달라지지만, 가죽가방의 기본적인 작업 공정은 어떤 것이나 동일합니다.

이번 챕터에서는 가죽가방 중에서 가장 심플하다고 여겨지는 토트백으로 가방 메이킹의 기본 기술을 설명하겠습니다. 완성된 입체 형태를 상상하면서 만드는 패턴, 재료가 되는 가죽 구입법, 한 장 가죽에서 파츠를 잘라내는 방법, 각 파츠의 재단 방법, 바느질 선 긋기, 마름 송곳을 사용하는 방법, 가죽 접착, 바느질, 단면 마감 및 마무리 등이 내용의 주가 됩니다.

어느것도 빠뜨려서는 안 되는 중요한 공정이므로 숙지하고 연습해서 가방 만드는 기술을 내것으로 만들어봅시다.

1 패턴 제작하기

곡선 없는 토트백은 직접 패턴을 그려도 어렵지 않습니다. 넣을 물건의 크기를 확인한 후 길이와 폭을 조금 늘려서 그리면 됩니다.

1 토트백에 수납하고 싶은 물건을 설정하고, 본판 사이즈를 정한다. 여기서는 A4사이즈 서적을 참고해서 본판 사이즈를 정했다.

2 수납하고 싶은 물건에 따라 토트백 본판 사이즈를 정한다. 여기서는 A4사이즈 서적을 참고해서 본판 사이즈를 정했다.

3 아웃라인을 따라 패턴을 자른다. 가죽을 재단할 때 정확해야 하기 때문에 자를 대고 잘라낸다.

패턴 자르기

토트백 만들 때 필요한 패턴과 이후에 등장할 각 파츠의 명칭을 설명합니다.
각 파츠의 실 사이즈는 P30를 참고하십시오.

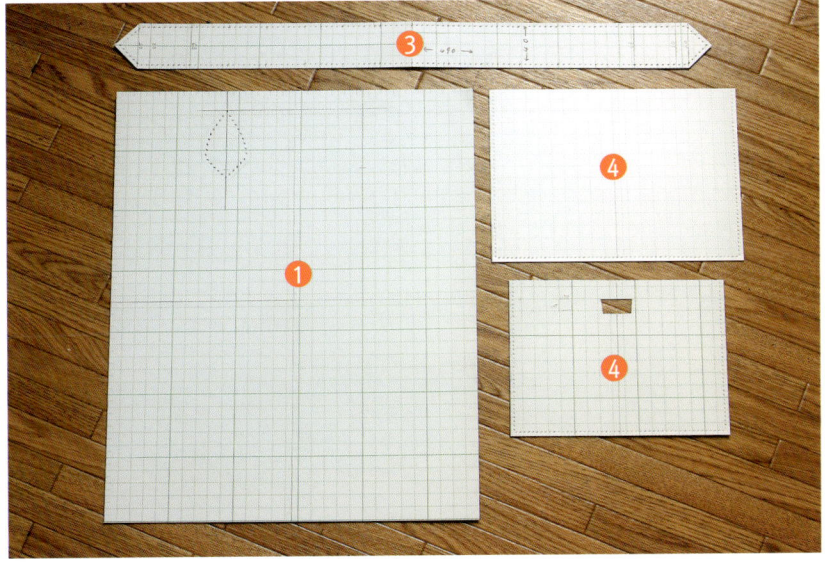

❶ 본판

가방을 여러 각도에서 봤을 때 가장 면적이 넓어 보이는 부분을 본판이라고 부릅니다. 일반적인 가방은 본판이 2개이고 본판 2개가 마주보고 그 사이를 옆판으로 연결해서 형태를 잡습니다. 가방에 앞뒤 구별이 있는 경우는 2개의 몸통을 '앞판', '뒷판'으로 구분하지만 토트백은 특별히 앞뒤 구별이 없습니다. 본판의 크기는 수납하고 싶은 물건의 크기와 자신의 취향에 맞추어 가로세로 비율을 자유롭게 변경할 수 있습니다.

❷ 옆판

가방의 측면에 해당하는 이른바 '깊이'가 되는 부분을 '옆판'이라 부릅니다. 본판의 두 측면에 접촉하는 옆판을 '옆판', 본판의 바닥과 닿는 옆판을 '바닥판'이라 부릅니다. 본판과 함께 옆판을 조합하면 단순한 형태가 됩니다. 각 옆판의 짧은 변이 그대로 두께가 되므로 용도나 기호에 맞추어 크기를 자유롭게 변경하는 것도 좋습니다. 왼쪽 사진에서 소개하는 패턴은 '옆판과 '바닥판'이 분리되어 있지만 한 판으로 된 '통 옆판'으로 토트백을 제작하기도 합니다.

❸ 손잡이

가방을 휴대할 때 실제로 손으로 잡는 부분을 핸들, 또는 손잡이라 부릅니다. 다양한 형태의 가방 종류만큼 손잡이의 종류도 다양하지만, 이 챕터에서는 본판과 동일한 가죽을 사용해서, 정통적인 손잡이를 제작합니다.

❹ 내부 포켓

본판 안쪽에 포켓을 달 때의 패턴으로, 본판에 들어가는 범위 내에서 자유롭게 사이즈를 만들 수 있습니다. 포켓을 만들면 작업 공정이 늘어나기 때문에 번거로워질 수 있어서 만들지 않아도 되지만, 있으면 편리하고 마감했을 때의 분위기도 달라집니다.

패턴에 바느질 선을 긋기

잘라낸 패턴에 목타를 치기 위해 가이드라인이 되는 선을 긋습니다. 이 작업은 바느질 선을 긋는 연습도 되고 목타를 칠 때 정확한 위치를 잡을 수도 있습니다.

바느질 선을 그을 때는 크리저를 사용한다. 한쪽 날에 붙은 바퀴를 돌려 양날의 간격을 조절한다.

1

양날 사이의 간격을 정확히 잰다. 여기서는 실제 가죽에 긋는 선과 동일하게 5mm 폭으로 설정하였다.

2

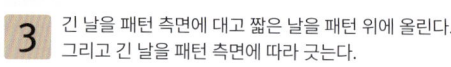

긴 날을 패턴 측면에 대고 짧은 날을 패턴 위에 올린다. 그리고 긴 날을 패턴 측면에 따라 긋는다.

3

크리저는 위의 사진처럼 엄지로 지탱하며 긋고, 다른 손으로 패턴을 꽉 눌러준다. 칼끝이 흔들리면 바느질 선도 흔들린다. 또한 크리저가 좌우로 움직이면 선이 균일하게 그어지지 않으므로 균일한 힘으로 확실히 눌러가며 긋는다. 처음에는 선이 얇아도 괜찮으니 반복해서 왔다갔다 하면서 선을 긋는 연습을 하면 된다.

4

본판 양측과 바닥에 걸쳐 ㄷ자 모양처럼 선을 긋는다(나중에 옆판과 합체할 단면). 모서리는 바느질 선이 교차하지 않도록 손으로 양쪽에서 조절한다.

5

본판 위쪽은 장식선(문자 그대로 꾸미는 용도로 긋는 선)을 긋는다. 얇은 목타와 얇은 실에 맞추어 3mm 폭의 재봉선을 긋는다(사진의 붉은색 선)

6

가방 만들기의 기본 —토트백 제작—

BASIC TECHNIC

패턴에 목타를 친다.

패턴에 재봉선을 그은 후에는 선을 따라 목타를 친다. 목타 치는 연습도 되고, 각 파츠의 목타 위치를 정확하게 맞출 수도 있다.

바느질 선이 만나는 모서리(장식선과 만나는 모서리)에 한 날 걸쳐서 목타를 맞춘 후 살짝 눌러 표시를 한다.

1

앞에 만들어놓은 표시 제일 끝(왼쪽 사진 오른쪽 끝에 표시한 자국)에 한 날을 걸친다. 같은 방법으로 표시해 나간다. 바닥판을 향해 반복해서 나가면서 표시한다.

2

바느질 선 가장자리 끝까지 표시한 후 목타를 모서리(본판과 바닥판이 만나는 위치)에 맞추어 자국을 낸다.

3

모서리에 목타의 끝 날을 겹쳐서 동일하게 표시를 한다. 여기까지 표시한 표시와 모서리 앞의 표시가 딱 맞지 않는 경우에도, 실제로 목타를 치면서 조절할 수 있다.

4

처음에 표시한 자국에 목타를 대고 실제로 목타를 쳐 나간다. 바느질 선에서 목타가 벗어나지 않도록 정확하게 목타 끝을 바느질 선에 대고 쳐야 한다.

5

표시했을 때와 동일하게 앞에 친 목타 구멍에 한 날 걸쳐서 진행해나간다

6

모서리 앞까지 와서 미리 만들어둔 표시를 확인한다. 모서리 끝에 마지막 땀이 딱 들어가도록 목타 위치를 조금씩 조절하면서 친다.

7

8 여기까지 동일한 순서를 반복하며 본판 바닥과 반대쪽 옆면까지 걸쳐 ㄷ자 모양으로 목타를 쳐 구멍을 낸다.

1 장식선 구멍을 낼 때는 피치(날간격)가 좁은 목타를 쓴다. 방법은 다른 면의 목타를 칠 때와 같다 2 모서리 구멍이 커지지 않도록 모서리 한 땀 앞에서 시작한다 3 끝까지 구멍을 낸다.

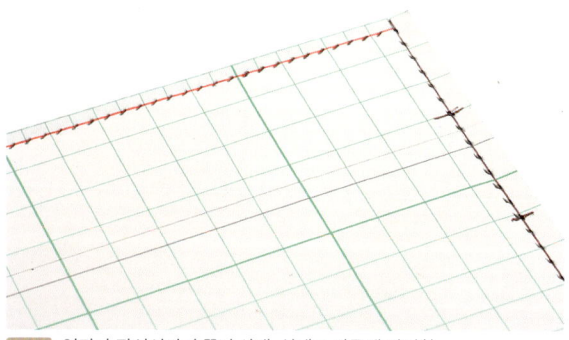

10 옆판과 장식선까지 끝난 상태. 실제로 가죽에 작업할 때도 같은 순서로 정확하게 목타를 칠 수 있다.

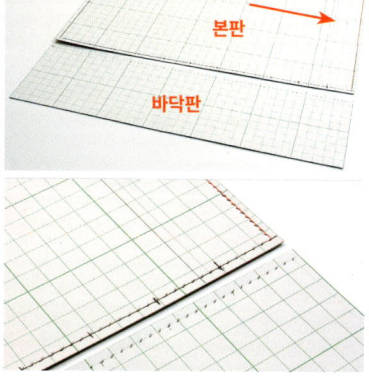

본판에 목타를 친 후에는 다음에는 옆판에 목타를 친다. 먼저 옆판 양쪽에 본판 측면과 동일하게 5mm 폭의 바느질 선을 긋고, 본판 옆면과 동일한 순서로 목타를 친다. 이 때 옆에 본판 패턴을 놓아두고 간격을 확인해가며 작업하면 좋다.

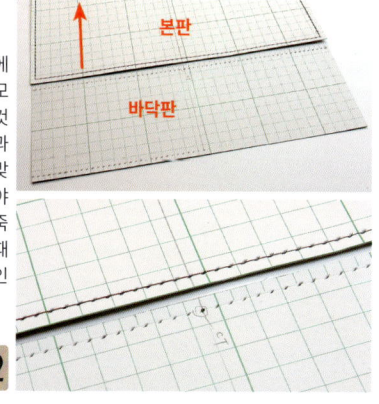

옆판과 동일하게 바닥판에도 구멍을 뚫는다. 이때 모서리 목타를 비교하는 것은 물론이고 본판 중심과 바닥 중심의 목타가 딱 맞도록 주의하면서 표시해야 한다. 이것은 실제로 가죽의 옆판과 본판을 맞출 때 바느질구멍이 맞도록 확인하기 위해서도 필요하다.

12

13 본판과 옆판, 바닥판의 각 모서리. 붉은 동그라미가 나란히 붙어서 본판 바닥면의 모서리에 뚫린 목타와 함께 바느질하게 된다.

가방 만들기의 기본 —토트백 제작—

BASIC TECHNIC

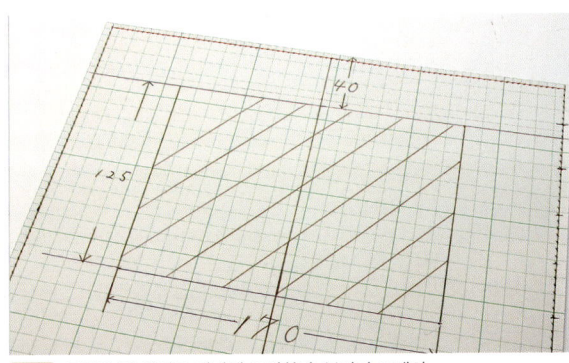

14 포켓을 달 위치를 패턴에 표시한다. 본판과 포켓의 중심을 잡고, 쓰임새에 맞추어 위치를 설정한다.

15 잘라낸 본판 포켓의 패턴에 센터 라인을 긋고 실제로 맞추어보면, 완성되었을 때의 이미지가 그려진다.

목타 기준(규격)을 사용한다.

기본적인 목타 치는 기술을 마스터한 다음에는, 일부러 패턴에 목타를 칠 필요는 없습니다. 하지만 목타의 날수나 폭에 맞춘 템플릿이 있으면 편리합니다.

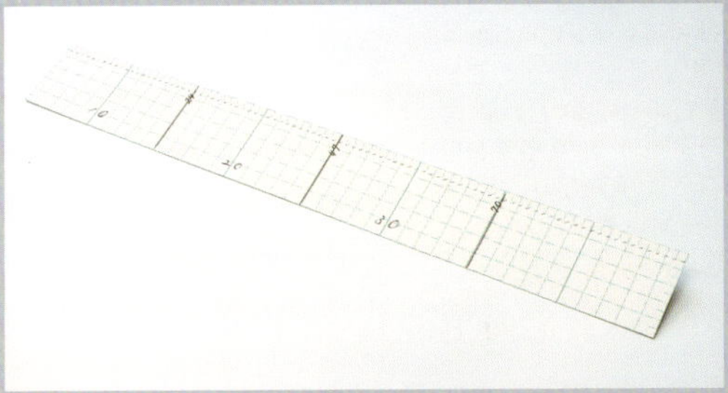

1 남은 패턴의 본판의 옆면보다 좀 더 길게 잘라내고 목타를 쳐서 자처럼 사용한다.

2 토트백 만들기에 사용하는 목타로 구멍을 내면 각 변마다의 목타 구멍 수를 가늠할 수 있다.

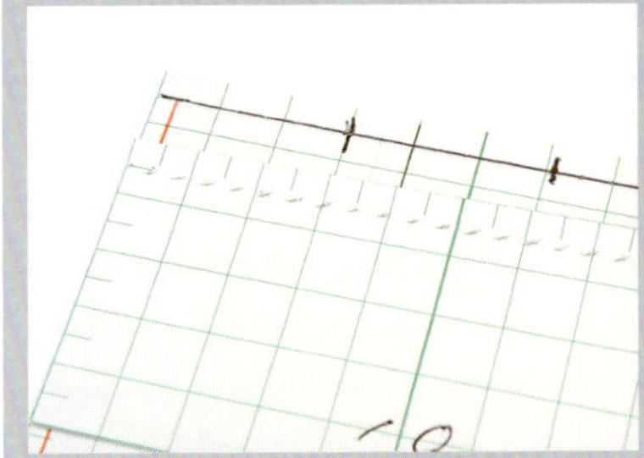

3 실제로 목타를 칠 바느질 선과 평행하게 놓고 비교한다.

4 목타 구멍과 패턴의 바느질 선의 눈금을 맞추고 구멍수를 센다.

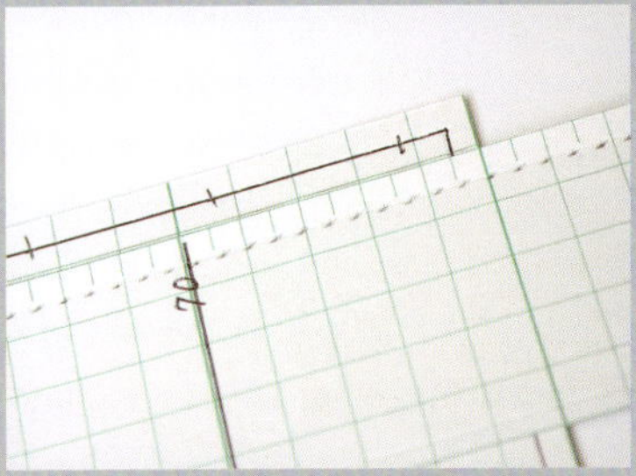

5 구멍을 뚫을 위치(모서리)를 확인하면 실제로 목타를 칠 때 기준이 된다.

패 턴

제작하는 토트백의 실측 사이즈입니다. 모든 모서리가 직각이므로 보이는 수치를 참고해서 모눈종이에 패턴을 제작해봅시다. 각 변의 수치를 변형하면 크기를 바꿀 수 있습니다.

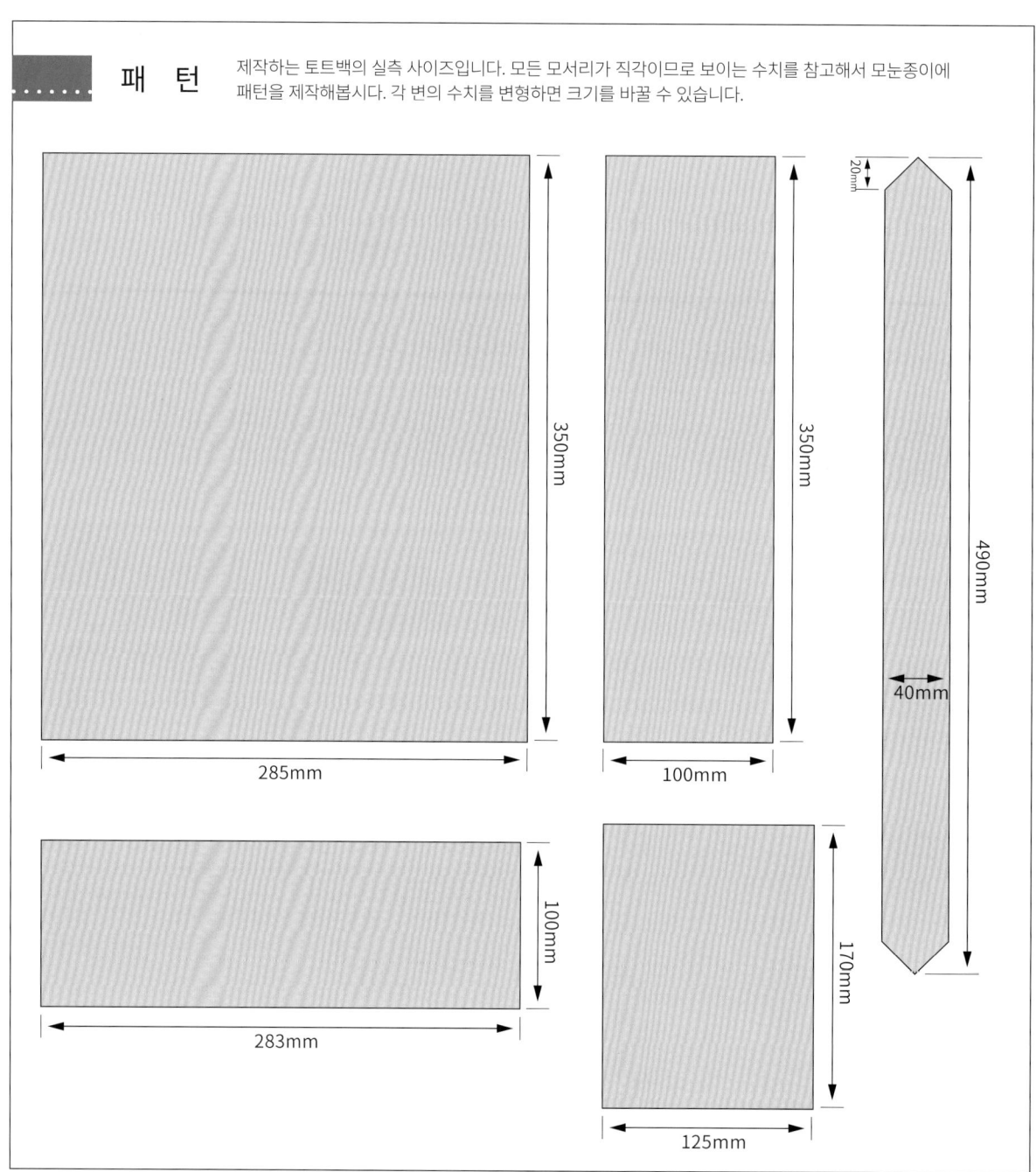

[역주] 패턴은 옆판과 밑판이 분리되어 있으나 후술하는 제작기에서는 옆판과 밑판을 한 장으로 재단하여 제작하였다.
패턴 그대로 옆판과 밑판을 따로 제작할 경우는 연결해서 꿰매야 하므로 시접분을 더해서 재단해야 한다.

가방 만들기의 기본 —토트백 제작—

BASIC TECHNIC

2 가죽 구입하기

패턴을 만들었다면 이제 가죽을 구입할 차례입니다. 가죽은 권말에 소개한 가죽재료상이나 크래프트숍에서 살 수 있으므로 아래의 팁을 참고하여 가방에 어울리는 가죽을 고릅시다.

잘라낸 패턴을 바탕으로 토트백을 제작하려면 어느 정도의 가죽이 필요한지 판단하고 가죽 재료상을 방문합시다. 가죽에는 다양한 종류가 있으며, 초보자는 다루기 어려운 가죽도 있으므로, 모르는 것은 꼭 점원에게 물어 봅시다.

1

2

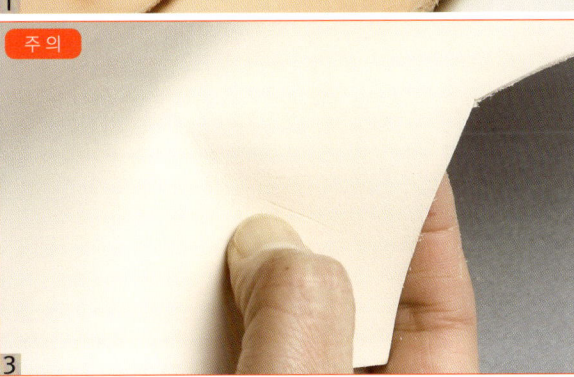
주의
3

1 일반적으로 한 장의 가죽으로 판매되는 가죽은 평수가 기재되어 있으며, 가죽의 종류마다 정해진 평 단가를 곱한 수치가 판매 가격입니다. 다음 페이지의 사진처럼 패턴을 놓고 필요한 부분만을 구입할 수는 없고 한 장을 다 사야 합니다. 가능한 한 낭비 없이 한 장을 다 쓸 가죽을 선택하거나 남은 자투리를 소품 제작 등에 쓰면 좋습니다

2 시판되고 있는 상태의 가죽은 원 두께(부위에 따라 다소 다름) 그대로의 두께가 반드시 가죽 가방 만들기에 적합하지만은 않습니다. 직원에게 의뢰하거나 피할 가게에서 피할(두께를 일정하게 자르는 작업. 별도 요금이 필요) 할 수 있기 때문에, 카탈로그 수치와 실측(다이얼 게이지나 버니어 캘리퍼스로 측정)을 참고로 가죽 가방 만들기에 적합한 두께를 고릅시다

3 진열 가죽은 상품입니다. 은면을 손톱 등으로 문지르면 쉽게 긁혀 버리므로 구입 전에 살펴보는 가죽은 조심스럽게 다룹시다

3 가죽 한 장에서 재단하기

각 파츠 면적이 넓은 가방은 파츠를 잘라내기 편하게(좋은 부위를 마음대로 쓸 수 있게)
한 장을 통째로 구입하기를 권합니다. 여기서는 이 한 장에서 파츠를 자르는 포인트를 해설합니다.

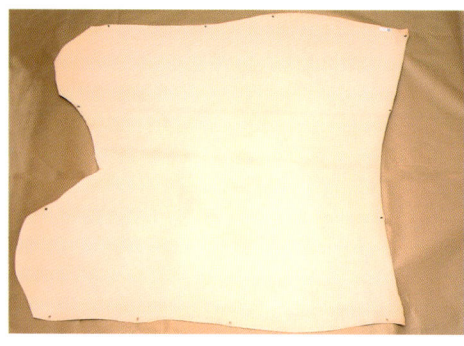

이 책의 토트백 제작에는, 전체적으로 주름이 적어서 파츠를 나누기 좋은 더블 벗 생지 가죽을 선택했습니다. 가죽 따라 낙인이 눈에 띌 수도 있지만, 그런 부분을 피해서 사용하면 됩니다. 또한 양질의 부위가 많아 초보자가 취급하기 쉽기 때문에 추천하는 가죽입니다.

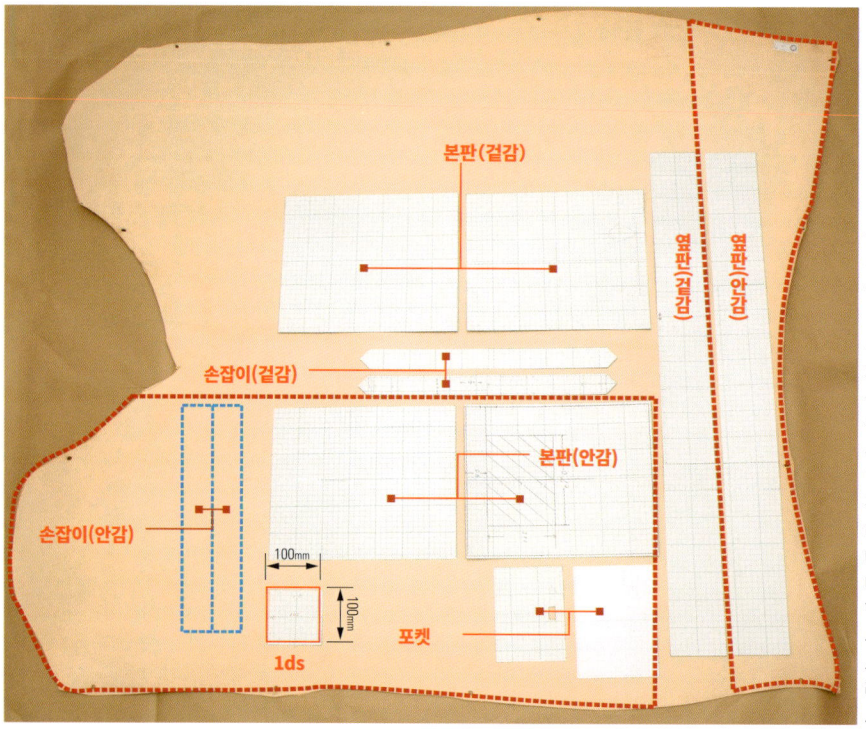

한 장에서 파츠를 잘라낼 때의 예. 앞에서 설명한 대로 '가죽이 늘어나는 방향'이나 '구부러지는 방향'을 확인한 후 부하가 걸리는 방향과 가죽의 늘어나는 방향을 다르게 하고 각 파츠의 배치를 확인한 후 면이 자연스럽게 구부러지는 방향으로 파츠를 늘어놓습니다. 책에서 제작할 토트백은 안감으로 가죽을 붙이기 때문에, 본판, 옆판, 손잡이는 2장 씩 필요합니다. 완성된 토트백이 뻣뻣하지 않고 사용감이 좋으려면 안감 가죽이 겉감보다 얇아야 하지만 피할할 때 낭비하지 않도록(피할집에 피할을 맡길 때는 가죽의 면적이 아닌 매수로 요금이 매겨집니다) 여기에서는 대략적으로 3분할했습니다. 빨간색 테두리 안은 안감으로 사용하므로 1.2mm 두께로, 나머지 겉감 파츠는 1.6mm 두께로 피할합니다. 피할을 고려해서 가죽을 나누는 작업이 어려우면 별도의 가죽으로 작업해도 됩니다.

기본 테크닉 4 — 각 파츠를 재단하기

가방 만들기의 기본 —토트백 제작—
BASIC TECHNIC

파츠의 재단은 가방 만들기에서 가장 기본이 되는 작업입니다. 재단은 일반적으로 구두칼을 사용하지만, 직선을 많이 사용하는 토트백은 커터로도 충분히 자를 수 있습니다.

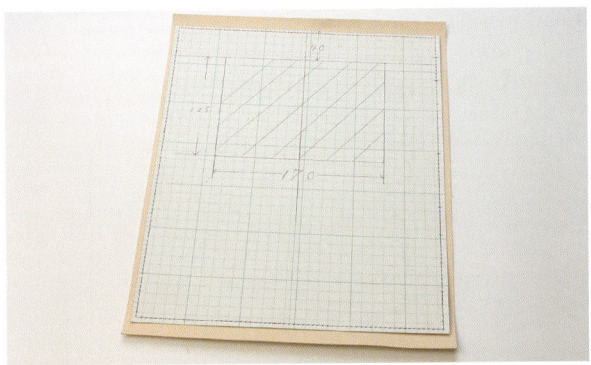
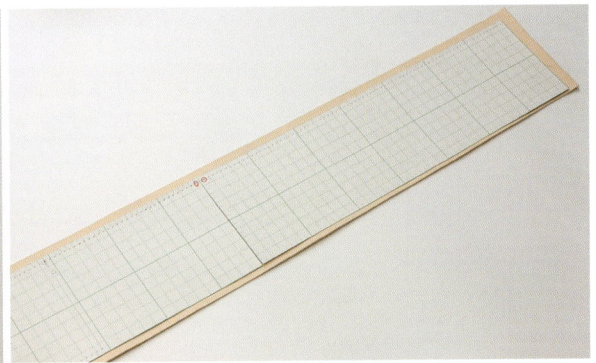
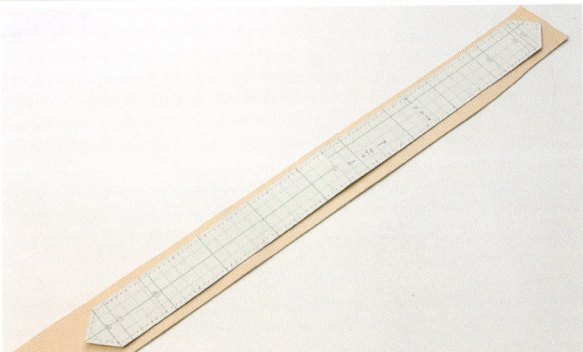

1 파츠를 자르는 방법을 결정했다면, 먼저 패턴보다 조금 큰 사이즈로 가죽을 자른다. 커터로도 충분히 재단할 수 있지만 연습하기 위해서라도 구두칼로 잘라도 좋다. 왼쪽 위는 본판, 오른쪽은 옆판이고, 이것은 2장의 옆판과 바닥을 이어서 한 장으로 만든 상태이다. 왼쪽 아래는 손잡이다. 포켓도 함께 재단한다.

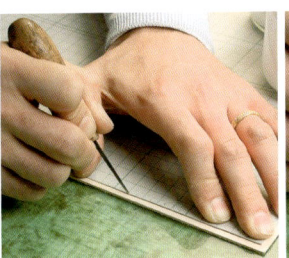

2 자른 가죽 위에 패턴을 놓고 어긋나지 않도록 꽉 누른 상태에서 송곳으로 아웃라인을 긋는다.

3 그은 선 = 재단선 이 되므로 패턴이 어긋나지 않고 알아보기 쉽게 선을 확실히 그어야 한다.

 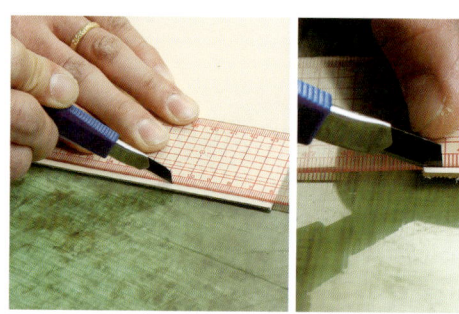

4 직선을 자를 때는 커터칼로도 충분하다. 정확하게 재단하기 위해 자를 대고 맞춘다.

5 쇠자를 가이드로 삼아 커터가 구부러지지 않도록 그으며 가죽을 자른다.

구두칼로 자를 때

구두칼은 잘 다룰 때까지 연습이 필요합니다만, 사용법대로 정확히 자르면 가죽을 깨끗하게 재단할 수 있습니다. 처음에는 자투리 가죽에 연습하고 익숙해진 후 파츠 재단을 해 봅시다.

직선을 자를 때는 구두칼의 둥근 부분을 파츠 쪽에 놓고 긋습니다. 오른쪽 사진은 구두칼을 바르게 잡고 작업대에 손을 안정적으로 놓고 작업하는 모습. 반대쪽 손은 가죽 위에 올려놓습니다.

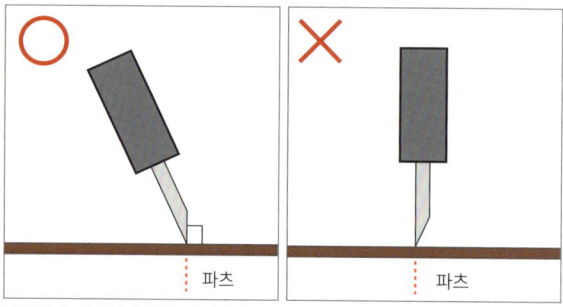 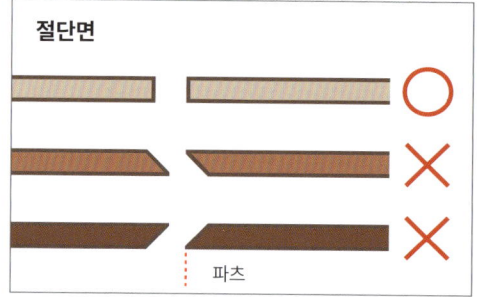

가죽칼은 재단선과 칼끝이 직각이 되도록 자르는 것이 원칙. 칼 자체가 직각이 되도록 놓고 자르면 가죽이 비스듬히 잘리게 됩니다.

재단면이 바로 단면이 되기 때문에 깨끗하게 단면을 마감할 수 있게끔 깔끔하고 균등하게 재단합니다.

가방 만들기의 기본 —토트백 제작—

BASIC TECHNIC

6 손잡이 모모 부분도 정확하게 아웃라인을 긋는다. 패턴이 어긋나지 않도록 주의

7 커터든 구두칼이든 직선부는 한 번에 재단. 직선부가 짧은 경우에는 연습삼아 구두칼을 써봐도 좋다.

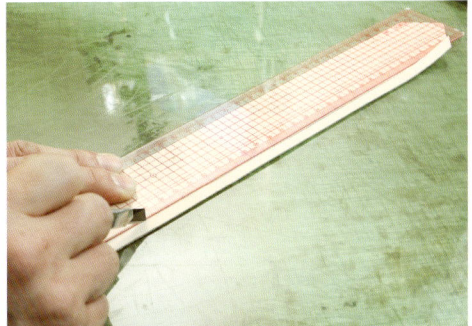
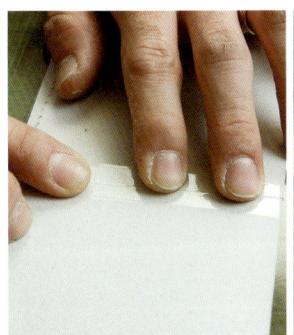

8 직선의 긴 변을 재단하는 경우 구두칼이 익숙하지 않다면 커터를 쓰는 편이 낫다.

9 옆판은 가장 긴 파츠이다. 재단선을 긋는 도중에 어긋나지 않도록 주의를 기울이며 패턴을 잘 눌러가며 긋는다.

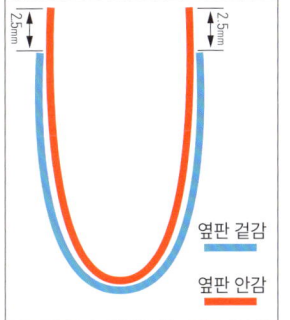

10 폭이 넓은 자 등으로 누르면서 자르면 자르는 도중에도 간격이나 패턴을 체크할 수 있다.

11 옆판은 U자형이 되기 때문에 같은 길이로 합치면 안감이 울게 된다. 옆판의 안감은 5mm 짧게 재단해 둔다.

35

12 옆판 안감 한쪽을 5mm 짧게 자르고 양 끝을 2.5mm 씩 짧게 맞춰둔다.

13 재단선을 따라 재단. 각 옆판(겉감)과 맞출 때 끝을 맞추고, 아래쪽을 둥글리며 붙이면 된다.

재단한 파츠

가죽과 패턴을 맞추고 아웃라인을 따라 재단한 파츠 전체입니다. 포켓을 제외한 모든 파츠에 안감을 붙이기 때문에 꽤 면적이 많이 필요합니다.

왼쪽 위의 2장의 가죽은 1.6mm 두께 손잡이에 붙일 손잡이 안감이고, 이것은 1.2mm 두께로 피할한 가죽을 손잡이보다 조금 넓게 잘라놓은 것. 그 아래의 4장의 가죽은 본판과 본판 안감. 역시 1.6mm 와 1.2mm 폭이 각 2장씩 필요하다. 본판 옆은 포켓으로 두께는 1.2mm이다. 이것은 본판의 안쪽에 붙이는데, 크기는 개인 취향에 따라 변형할 수 있다. 아래의 긴 파츠는 옆판 2장×밑판 1장을 이은 옆판과 그 안감으로 안감은 겉감보다 5mm 짧다.

기본 테크닉 5 — 바느질 선 긋기

파츠를 모두 잘라냈다면 바느질에 필요한 목타를 치기 위해 목타 가이드라인이 되는 바느질 선을 긋습니다.
순서는 패턴 때와 동일하지만 실제 가죽에 긋는 감각을 잘 기억해둡시다.

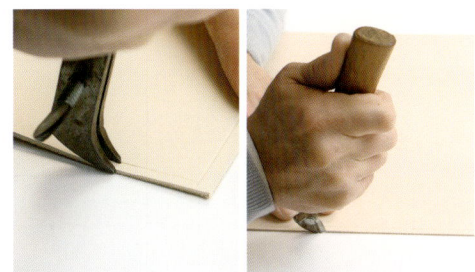

1 패턴에 크리저를 그을 때와 동일하게 크리저 폭을 맞추고 바느질 선을 긋는다.

2 파츠 위에 바느질 선을 그은 패턴을 올려놓고, 비교해가면서 작업하면 확인하기 쉽다.

POINT

칼끝이 빗나가지 않고 일정한 선을 긋기 위해서는 크리저 몸체를 엄지로 잘 쥐고 팔꿈치를 작업대 위에 올려놓고 작업한다. 크리저 선이 목타를 칠 때 가이드라인이 되기 때문에 너무 두껍거나 얇게 되지 않도록 일정한 라인을 긋는다.

크리저는 실제 선을 긋는 날을 가죽 표면에 올려놓는다. 날이 좌우로 흔들리면 선도 흔들리게 되어 단면과의 간격이 일정치 않게 된다. 정확하고 균등한 목타를 치기 위해서는 바느질 선도 정확하고 균등해야 한다.

기본 테크닉 6 목타 치기

각 파츠의 위치를 정확히 맞춰서 조립하고 바느질 땀을 깔끔하게 내기 위해서는
목타수와 날 폭을 잘 맞춰야 합니다. 패턴에 친 목타를 확인하면서 각 파츠에 정확히 목타를 칩시다.

■ 본판

먼저 2장의 본판에 목타를 친다. 파츠의 위에 목타의 구멍을 낸 패턴을 올리고, 패턴의 목타구멍을 참고해서 파츠 위에 날 끝으로 자국을 낸다.

POINT 패턴에서 확인할 때와 같이 모서리가 목타 날간격에 맞지 않은 경우, 먼저 바느질 선 끝에 목타 끝을 맞추고(오른쪽), 되돌아가면서 위치를 표시한다.

목타를 칠 때는 몸에 직각으로, 끝에서부터 앞쪽으로 뚫는 것이 좋다. 사진처럼 손가락 끝 전체로 목타를 지지하고 바느질 선에 수직으로 날을 대고 망치로 때린다.

가방 만들기의 기본 —토트백 제작—

BASIC TECHNIC

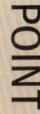 POINT

목타 거리를 조절할 때는 목타를 끝내는 모서리에서 2회분 정도의 거리 앞에서(사진 왼쪽) 모서리부터 이제까지 친 목타 선에 어긋나지 않도록 힘을 잘 가해서 구멍을 낸다. 한 날만 걸치지 않고 거리에 따라 여러 날을 걸고 쳐도 좋다.

끝에서 끝까지 목타를 친 다음 변을 바꾸어 목타를 칠 때는 모서리 목타가 너무 커지므로 한날 비껴서 뚫는다. 다만 모서리 쪽에서 거리를 계산한 후(사진 왼쪽) 뚫어야 한다.

5mm 폭 바느질 선을 긋고 ㄷ자형태로 목타 구멍을 내면 본판 상단에 그은 3mm 폭 바느질 선도 목타를 뚫는다. 장식 바느질이므로 날 간격이 좁아야 예쁘나 다른 변과 날 간격이 동일해도 작업에 지장은 없다.

 3

■ 옆판

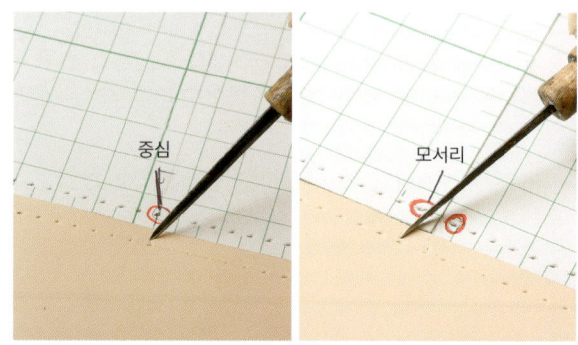

4 옆판도 본판과 동일하게 구멍을 뚫는다.
먼저 패턴을 따라 날 끝으로 자국을 낸다.

5 본판 중심(바닥 중심. 좌우 양쪽)과 본판 아래 모서리(바닥 양 끝과 옆판 하단, 좌우 네 모서리)의 표시를 한다.

6 옆판의 긴 변에 끝에서 끝까지 정확하게 목타를 친다. 본판 중심과 하단, 양 모서리는 패턴에 표시된 대로 맞춰야 한다.

7 옆판의 짧은 두 변(옆판 상단)은 본판 상단과 같이 3mm 폭으로 장식 바느질을 한다.

POINT

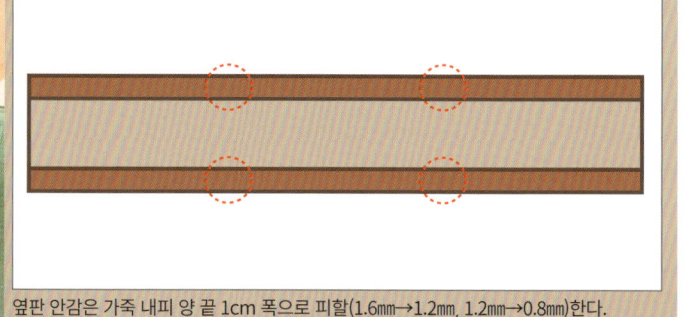

옆판 안감은 가죽 내피 양 끝 1cm 폭으로 피할(1.6mm→1.2mm, 1.2mm→0.8mm)한다. 추가로 본판 하단 네 모서리를 0.5mm로 피할해 놓는다.

가방 만들기의 기본 —토트백 제작—

BASIC TECHNIC

기본 테크닉 7
가죽 붙이기

가방을 만들 때는 파츠끼리 바느질하거나 안감을 붙이는 등, 가죽을 붙이는 작업이 많습니다.
여기서는 옆판 안감을 붙이는 작업을 바탕으로 기본과 순서를 해설합니다.

1 옆판과 안감의 상단(짧은 쪽)을 붙인다. 먼저 양쪽 내피에 5mm 폭으로 흰 본드를 바른다.

2 흰 본드를 바른 접착면끼리 양 모서리와 모서리, 그리고 변을 딱 붙인다.

깨끗한 천으로 눌러가며 압착한다. 롤러가 있으면 압착하기 쉬우나, 더러워지거나 접착제가 밀려나오면 바로 닦아야 한다.

3

4 반대쪽 상단도 접착하는데 짧은 안감과 길이 차이가 있으므로 바닥을 향해 접착해 나간다.

5 옆판 양 쪽에 상단과 동일하게 5mm 폭으로 흰 본드를 바른다.

 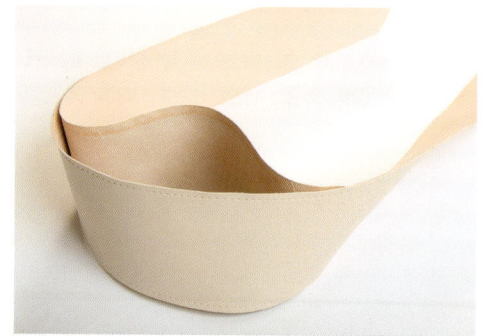

6 흰 본드를 바른 접착면을 정확히 압착. 이 작업을 반복해서 바닥의 네 모서리를 모두 압착한다.

7 바닥 양쪽을 남기고 상단에서 네 모서리까지 전부 압착한다. 마지막으로 바닥을 붙인다.

 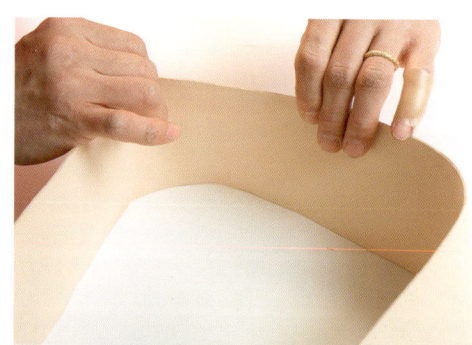

8 바닥부 모서리와 모서리가 연결되도록 옆판과 안감 양쪽 면에 5mm 정도로 흰 본드를 바른다.

9 안감이 5mm 짧으므로 ㄷ자 형태가 되도록 구부리며 붙인다.

목타 치기

옆판과 그 안쪽을 붙인 다음 옆판 쪽에서 목타를 쳐서 구멍을 뚫는다. 너무 세게 내리치면 구멍이 커지므로 안감에 구멍이 살짝 뚫릴 정도로만 친다.

기본 테크닉 8 - 파츠를 바느질하기

여기서는 안감을 붙인 옆판과 함께, 바느질의 기본이 되는 일반 바느질을 설명합니다.
실 길이 조절, 왁스 바르기, 바늘 꿰기, 일반 바느질의 기술을 잘 익힙시다.

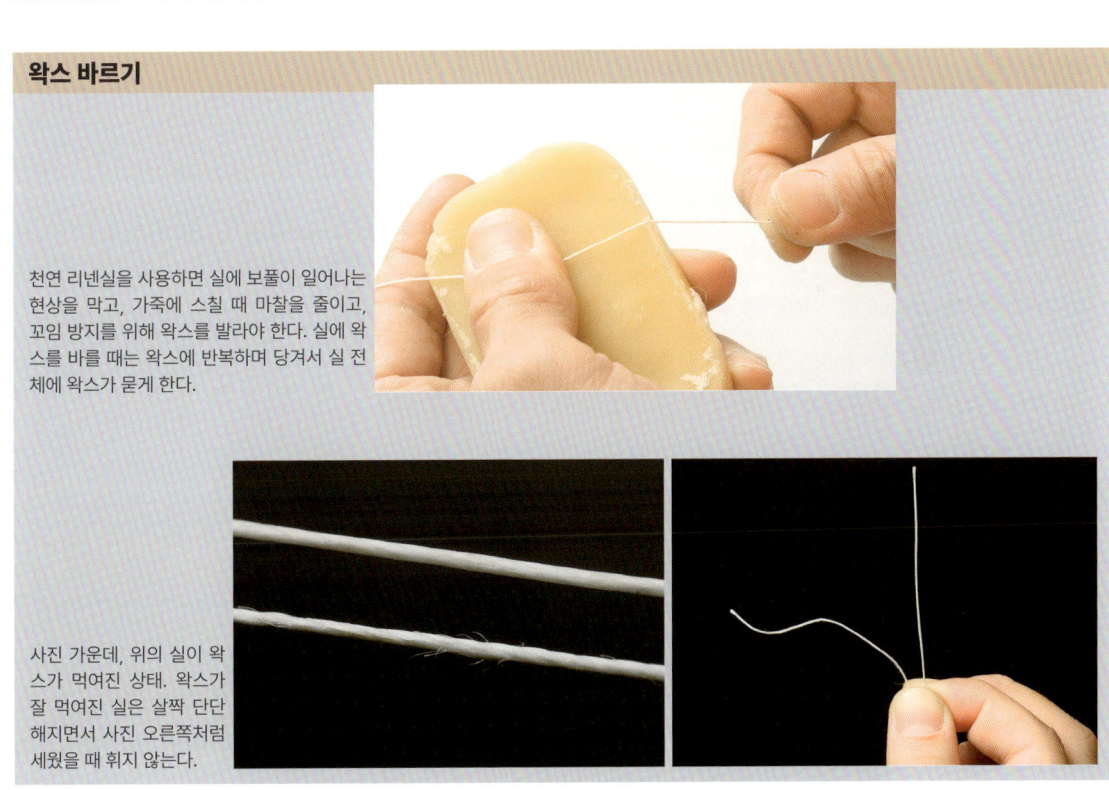

실의 길이

바느질용 실의 길이는 상황에 따라 조금씩 다르나. 기본은 바느질 거리의 3~4배 정도면 되는데, 목타 간격이 좁거나 실이 가늘다면 좀 더 여분이 있어야 한다. 바느질 범위가 길어 실이 팔 길이보다 길어지면 2회에 걸쳐 바느질 할 수 도 있다. 여기서는 30×3(30수를 3번 꼼)으로 바느질하므로 4배 길이로 잘랐다.

왁스 바르기

천연 리넨실을 사용하면 실에 보풀이 일어나는 현상을 막고, 가죽에 스칠 때 마찰을 줄이고, 꼬임 방지를 위해 왁스를 발라야 한다. 실에 왁스를 바를 때는 왁스에 반복하며 당겨서 실 전체에 왁스가 묻게 한다.

사진 가운데, 위의 실이 왁스가 먹여진 상태. 왁스가 잘 먹여진 실은 살짝 단단해지면서 사진 오른쪽처럼 세웠을 때 휘지 않는다.

실 꿰기

바늘에 실을 꿸 때는 실 끝을 바늘귀에 잘 들어가게끔 끝 4~5cm를 푼다. 유리판 위에 놓고 마름 송곳 등으로 문지른다.

보풀이 일어난 실 끝에 바늘귀를 통과하기 위해 실을 왁스로 문지른다.

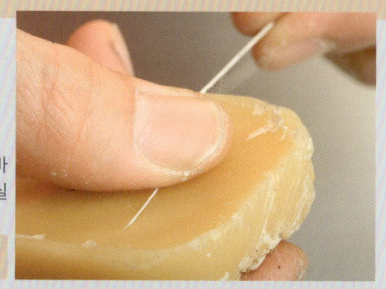

왁스를 바른 실 끝을 손가락으로 문질러 뾰족하게 한다.

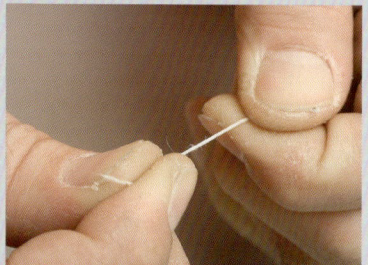

왼쪽은 얇게 만든 실. 오른쪽은 왁스를 바르기만 한 실. 바늘에 통과하기 쉽도록 뾰족해졌다.

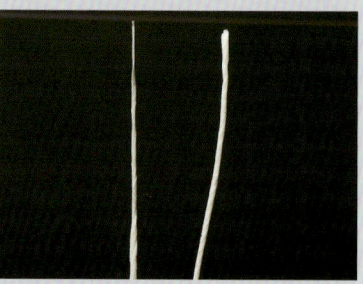

실 끝에서 바늘 길이가 1.5배 정도 거리에 실 사이에 바늘을 꽂는다.

1cm 정도를 찌르고 긴 쪽 실에서 나누듯이 다시 바늘을 꽂는다.

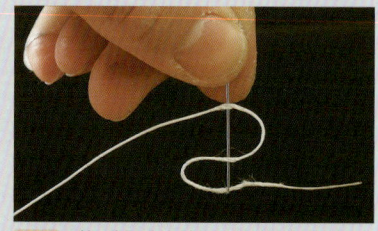

바늘에 통과한 실을 전체적으로 아래로 향하고 바늘귀에 실 끝을 통과한다.

실 끝이 갈라지지 않도록 주의하며 바늘귀를 통과한 실을 귀 아래 방향으로 내린다.

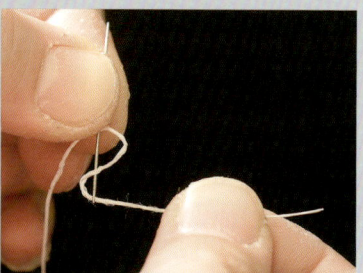

바늘에 꽂은 실을 완전히 내려 바늘귀에 따라 나란히 당긴다. 실 양 끝에 동일하게 이 작업을 해서 바늘을 두 개 꿴다.

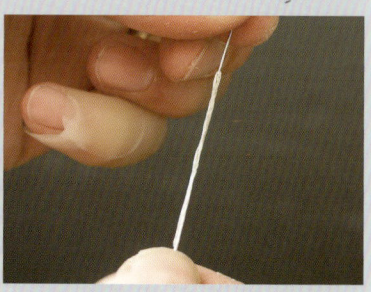

가방 만들기의 기본 —토트백 제작—

BASIC TECHNIC

직선 바느질

직선 바느질은 바느질의 기본이다. 바느질 방향은 바깥에서 몸 쪽으로 오는 것이 기본인데, 끝은 강도를 높이기 위해 한 번 바깥으로 갔다가 되돌아온다.

1

구멍을 통과한 바늘을 반대쪽으로 보내고, 양쪽 바늘을 나란히 잡은 후 실 길이를 균등하게 고른다.

2

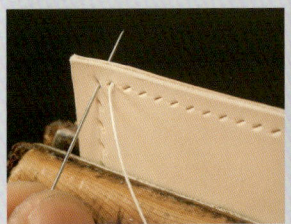 

3 왼쪽(옆판 겉감)의 바늘을 모서리 구멍에 꽂고, 오른쪽(안감)으로 살짝 당긴다.

왼쪽 상태를 오른쪽에서 본 사진. 왼쪽에서 통과한 바늘(사진 위쪽)을 몸 쪽으로 당기는데, 이때는 아직 완전히 당겨진 상태는 아니다.

4

앞서 몸 쪽으로 당긴 실은 그대로 두고 실 안쪽(목타 구멍 사이)으로 오른쪽에 남겨진 바늘을 꽂는다.

5

오른쪽에서 통과한 바늘은 그대로 두고, 왼쪽에서 통과한 실을 가볍게 당겨, 바늘이 실 사이에 끼지 않았는지 확인. 실 사이에 끼면 실이 걸려서 다음 땀을 진행할 수 없기 때문에 그럴 때는 실을 풀어서 고친다.

6

7 오른쪽의 바늘이 실 사이에 끼지 않도록 주의하며 왼쪽 구멍으로 통과하고, 좌우 양쪽 실을 부드럽게 당긴다.

8 실을 확실히 당겼으면, 바느질이 한 땀 완성된다. 왼쪽 사진은 왼쪽에서, 오른쪽 사진은 오른쪽에서 본 모습

직선 바느질

9 다시 한 번 왼쪽으로 돌아가, 왼쪽 바늘을 처음에 통과한 땀에 통과한다.

10 왼쪽에서 통과한 실을 몸쪽으로 당기고 첫 땀 구멍과 실 사이에 오른쪽 바늘을 넣는다.

11 왼쪽에서 본 사진. 앞과 동일하게 실을 당겨서 바늘이 실에 꼬이지 않았는지 확인

양쪽 실을 확실하게 당겨 바느질땀을 만든다. 9에서 여기까지 작업이 직선 바느질의 기본으로, 앞서 꿰맨 한 땀에서 반대로 돌아가면 된다.

12

몸 쪽(사진 오른쪽)을 향해 좌우의 바늘을 교차로 구멍에 통과하면서 바느질을 계속해간다.

13

14 끝까지 바느질한 다음 처음과 동일하게 한 땀 되돌아와서 처리한다.

돌아오는 한 땀의 방향이 바뀌기만 한 것이라 바느질 방법은 변함 없다. 먼저 왼쪽 바늘을 모서리에서 한 땀 앞의 구멍(구멍과 구멍 사이)에 통과한다.

15

16 왼쪽에서 통과한 실을 안쪽으로 넣고(방향을 바꾸었다면 몸 쪽으로 당기게 된다), 그 실과 끝의 땀 사이에 오른쪽 바늘을 통과한다.

가방 만들기의 기본 —토트백 제작—

BASIC TECHNIC

안으로 넣은 실을 당겨서 오른쪽에서 통과한 바늘이 실에 걸리지 않은 것을 확인하고 그 바늘을 왼쪽으로 당겨 빼낸다. 양쪽 실을 확실히 당겨서 메면, 한 땀 돌아오기가 끝난다.

17

실 여유분은 보이지 않게 처리해야 한다. 왼쪽 바늘을 한 땀 앞으로 통과하고, 완전히 왼쪽으로 당겨낸다.

18

오른쪽(안감 쪽)으로 2줄의 실이 나와있다. 이 실을 손으로 잡는다.

19

오른쪽에 나온 두 줄의 실은 목타 구멍에 최대한 가깝게 자른다. 가위나 니퍼 등을 사용한다.

20

자른 실 끝에 마름 송곳 등으로 흰 본드를 바른다. 실 끝이 삐져나오지 않도록 송곳으로 눌러준다.

21

마지막으로 바느질 실을 평평하게 눌러서 깔끔하게 마감한다.

22

바느질이 끝난 옆판 상단. 앞으로의 작업에서도 직선 바느질이 기본이 되므로 확실하게 손에 익혀두도록 한다.

23

기본 테크닉 9 — 단면 다듬기

바느질에 대한 기본 테크닉을 익힌 후에는 단면 마감을 배웁시다.
여기서는 토트백을 만드는 공정에서 장식 바느질을 한 옆판, 윗변의 테두리를 다듬습니다.

1 단면을 평평하게 깎는다. 요철을 균등하게 만든다는 느낌으로 움직인다.

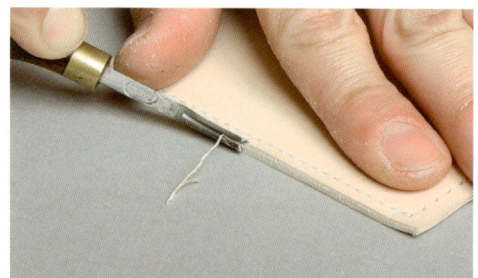

2 렛서만으로는 모서리가 눈에 띄므로 엣지 비벨러로도 깎아낸다.

3 깎아낸 단면에 토코놀(연마제)을 얇게 바른다. 바느질 실에 닿지 않도록 주의

4 나무 헤라(나무가 아니어도 뿔헤라 형태면 OK)로 모서리를 마찰한다.

5 나무 헤라로 다듬은 단면을 천으로 다시 한 번 닦아서 광택을 낸다.

6 단면 다듬기가 끝난 옆판 상단. 바느질선에 영향이 가지 않을 정도로 만족할 때까지 반복해서 다듬는 것이 좋다.

가방 만들기의 기본 —토트백 제작—

BASIC TECHNIC

10 토트백 완성까지

가방 만들기의 기본이 되는 기술을 익혔다면 이제 토트백을 만들어 봅시다.
토트백에는 다른 복잡한 공정도 있지만 기본 기술만 잘 응용해도 만들 수 있습니다.

■ 손잡이 제작

1 손잡이 모모부터 바느질한다. 크리저를 폭 3mm로 설정하고 선이 모서리에서 교차되지 않도록 조금씩 긋는다.

2 모모 삼각형의 바느질을 긋고 그 양쪽 직선부까지 선을 늘려 그린다.

3 목타를 친 패턴을 준비해서 손잡이 위에 올린 후 마름 송곳으로 자국을 낸다.

4 먼저 손잡이 모모부터 자국을 내서 본판에 조립할 때의 위치를 정확히 표시한다.

5 표시 자국을 기준으로 모모에 목타를 친다. 삼각형은 폭이 좁으므로 2날 목타로 친다. 마지막으로 삼각형 2변의 목타 수가 동일하도록 조절하며 모모 끝까지 구멍을 뚫는다.

6 모모 전체에 목타를 친 후 모모끼리 맞붙는 부분에 표시를 한다.

7 다시 한 번 손잡이 패턴을 참고하며 손잡이 양쪽 전체에 목타를 친다.

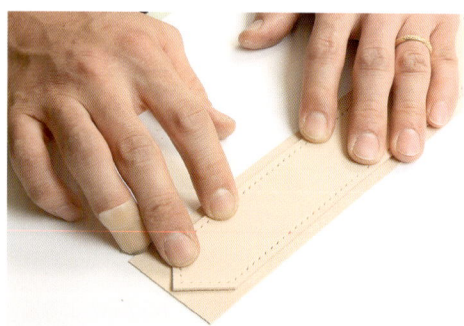 

8 다음은 손잡이에 안감을 붙인다. 먼저 안감과 겉감의 내피끼리 덧댄다.

9 손잡이가 어긋나지 않도록 꽉 누르며 마름 송곳이나 원형 송곳으로 아웃라인을 딴다.

10 손잡이의 목타보다 바깥쪽과 안감 아웃라인 쪽 3mm폭에 흰 본드를 바른다. 모모 쪽만 먼저 바른다.

11 모모 삼각형의 꼭짓점을 딱 맞춘다. 먼저 모모만 잘 붙인다.

가방 만들기의 기본 —토트백 제작—

BASIC TECHNIC

12 겉감 쪽에서 깨끗한 천으로 가볍게 문지르듯 압착한다.

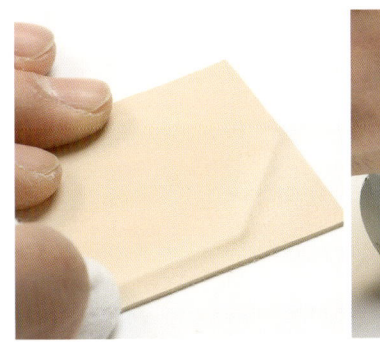

13 안감 쪽도 잘 눌러준다. 롤러로 밀 때는 은면에 상처가 나지 않도록 안감 쪽에서 민다.

14 다음은 손잡이 양쪽을 붙여준다. 모모와 동일하게 양면에 흰 본드를 바른다.

15 안감 아웃라인으로 비어져 나오지 않도록 손잡이를 딱 붙이고 잘 압착한다. 흰 본드가 비어져 나오면 바로 닦아낸다.

16 마지막으로 반대쪽 모모에도 흰 본드를 바르고 잘 붙여준다.

17 10~15분 정도 기다려서 확실히 건조된 것을 확인한다. 안감을 구부렸을 때 접착면에 빈 공간이 안 생기면 OK

18 손잡이에 친 목타 구멍을 따라 안감에도 구멍을 낸다. 먼저 모모 삼각형에 날 끝이 나올 정도로 목타 구멍을 낸다.

19 이어서 양쪽 면도 동일하게 목타를 친다. 목타 구멍이 너무 커지지 않게 끝을 가감한다.

20 안감까지 전부 목타 구멍을 낸 다음 여유분을 잘라낸다. 먼저 삼각형 부분부터 자른다.

21 삼각형을 자른 다음은 양쪽 직선부를 자른다. 직선부는 길기 때문에 구두칼이 좋다.

22 공정 6(P50)에서 낸 목타 표시를 붙인 안감 쪽에도 낸다.

23 안감을 붙이고 목타까지 친 상태의 손잡이. 이제 모모를 제외한 직선부를 바느질 할 차례

가방 만들기의 기본 —토트백 제작—

BASIC TECHNIC

24 형태가 자연스럽게 잡히도록, 모모를 제외한 양 옆을 안감 쪽으로 구부려 만다.

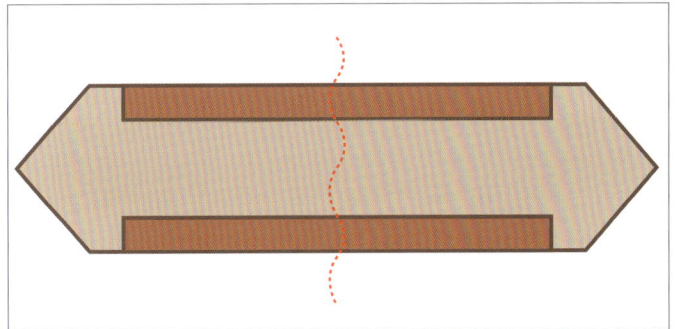

25 접착할 때 바느질하는 부분은 위의 일러스트의 진한 면. 모모 안쪽이다. 양 끝에 찍은 표시가 기준점이 되므로 다시 한 번 확인한다.

26 안감 테두리만 흰 본드를 바른다. 불필요하게 본드를 많이 바르지 않도록 목타 구멍 바깥쪽을 발라야 한다

27 측면에서 목타 위치가 잘 맞도록 모모와 손잡이의 경계가 되는 목타 구멍에 바늘을 꽂는다.

CHECK!

28 바늘을 꽂은 끝 부분을 접듯이 맞붙인다. 클립으로 고정한다.

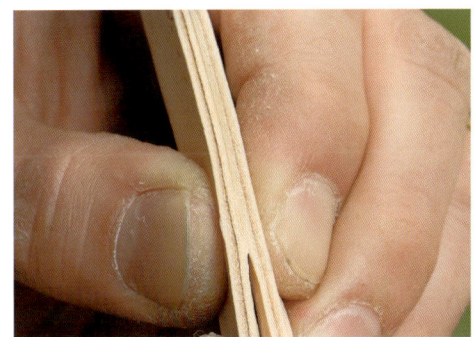

29 목타 위치를 맞추면서 손잡이 가운데를 향해 15cm 정도 접착한다.

53

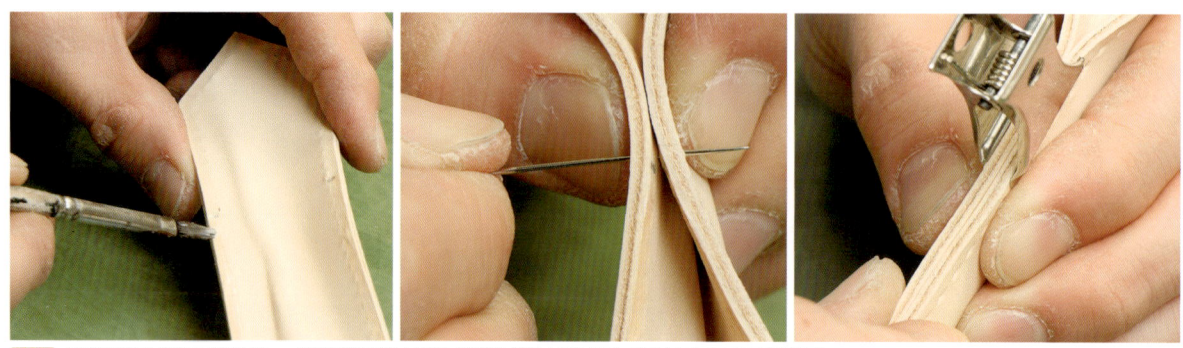

30 한쪽 끝에서 중앙을 향해 15cm 정도를 붙이면 다음은 반대쪽 끝을 붙일 차례. 앞서 붙인 순서와 동일하게 모모에 표시한 부분부터 흰본드를 바르고 바늘을 찔러 위치를 맞춘 다음 붙여나간다.

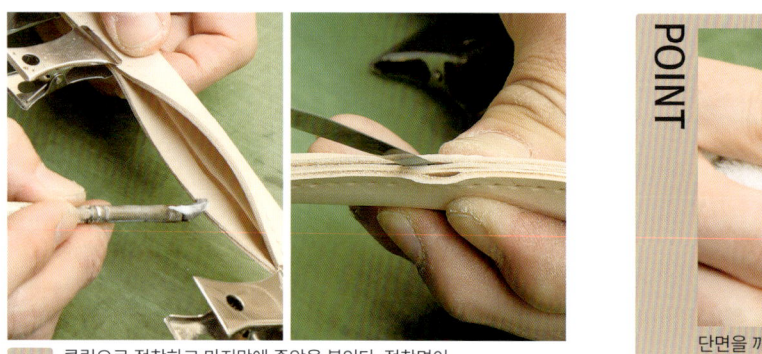

31 클립으로 접착하고 마지막에 중앙을 붙인다. 접착면이 벌어지면 납작한 도구로 본드를 집어넣으면 된다.

POINT 단면을 깨끗하게 마감하기 위해 접착면에서 새어나온 본드를 깨끗하게 닦아낸다.

32 가죽이 벌어지려는 성질이 강하므로 접착면이 완전히 건조될 때까지 클립으로 고정한다.

33 10~15분 정도 지난 후 클립을 빼고, 흰 본드로 바른 부분을 바느질한다.

가방 만들기의 기본 —토트백 제작—

BASIC TECHNIC

34 모모 시작 부분의 강도를 높이기 위해 표시점은 두 땀 돌아와서 꿰멘다.

35 표시한 목타 두 땀 앞에서 바늘을 꽂고 표시한 점을 향해 첫 한 땀을 꿴다.

36 붙인 가죽은 두껍기 때문에 충분히 강도를 주기 위해 꽉 당겨서 멘다.

37 최초의 한 땀이 끝나면 다음은 표시점 구멍에 한 땀을 꿰멘다. 표시점 구멍은 손잡이를 본체에 조립할 때도 다시 꿰멜 것이다.

38 두 땀 바느질이 끝났으면 몸쪽을 향해 반대쪽에 낸 표시점까지 바느질을 한다.

39 이 사진 상태는 표시점에서부터 2땀 돌아온 상태. 이 다음은 한 땀씩 꿰메 나가면 된다.

40 반대쪽 끝을 향해 바느질한다. 여기서 사용하는 실은 20×30수

41 반대쪽 끝까지 바느질한 상태. 바느질 시작과 동일하게 강도를 높이기 위해 돌아온다.

42 목타 구멍 사이로 바늘을 통과해서 돌아온다. 2땀 이상 돌아올 때도 사진 오른쪽과 같은 순서로 진행한다.

43 바느질 시작과는 다르게 여기서는 3땀 돌아온 상태. 마지막은 꽉 멘 후 실을 처리한다.

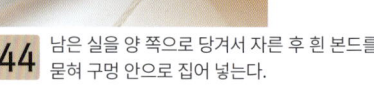
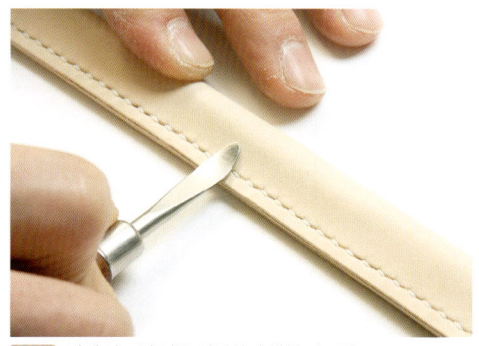

44 남은 실을 양 쪽으로 당겨서 자른 후 흰 본드를 묻혀 구멍 안으로 집어 넣는다.

45 전체 바느질 선을 정돈하기 위해 바느질 선을 가볍게 눌러 평평하게 만든다.

가방 만들기의 기본 —토트백 제작—

BASIC TECHNIC

46 다음은 접착면의 단면을 다듬는다. 단면은 손잡이 완성도에 영향을 미치므로 잘 다듬어야 한다.

47 두 개의 단면이 합쳐져 있어서 만져보면 요철이 느껴진다.

48 두 단면의 요철이 눈에 띄는 경우 구두칼로 깎아 단차를 줄인다.

POINT

구두칼의 날은 표면을 단면에 평행하게 놓는다. 각도가 커지면 많이 잘려나가니 주의

49 렛서로 단면 표면을 균등하게 다듬는다. 너무 깎으면 바느질선도 깎을 수 있으니 주의해야 한다.

50 뒤쪽이 단면을 다듬지 않은 상태, 앞쪽이 단면을 다듬은 상태. 맞붙인 가죽 층이 깔끔해질 때까지 다듬는다.

 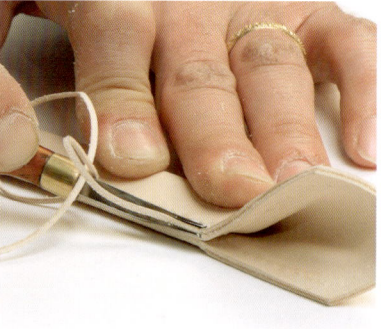 

51 렛서로 깎은 다음에는 단면 끝을 잘라낸다. 엣지 비벨러로 힘을 가해 깎아낸다 힘을 균등하게 주는 것이 포인트

52 앞쪽이 엣지비벨러를 안 쓴 상태, 뒤쪽이 쓴 상태. 앞쪽에 보이는 모서리의 가죽이 뒤쪽에는 깎여나갔다.

53 깎아낸 단면에 토코놀을 바르고 나무 헤라와 천으로 광택을 낸다. 칼로 깎아낸 다음 나무 헤라로 문지르고 천으로 광택을 내는 작업을 계속 반복하면 단면이 깔끔해진다.

54 손 끝으로 만졌을 때 표면이 반들반들한 상태가 이상적이다. 이 상태가 될 때까지 단면을 다듬는다.

55 광택을 낸 단면과 광택을 내지 않은 단면 비교. 광택 내는 작업의 효과를 바로 알 수 있다.

가방 만들기의 기본 —토트백 제작—

BASIC TECHNIC

56 모모 쪽 단면도 동일하게 다듬는다. 이 부분은 얇으므로 엣지비벨러 처리는 생략한다.

57 단면 마감 전(왼쪽)과 마감 후(오른쪽). 본판에 붙인 다음에는 다듬을 수 없으므로 미리 마감해 둔다.

■ 완성된 손잡이

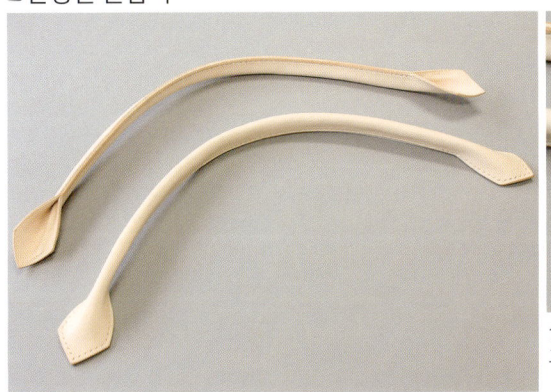 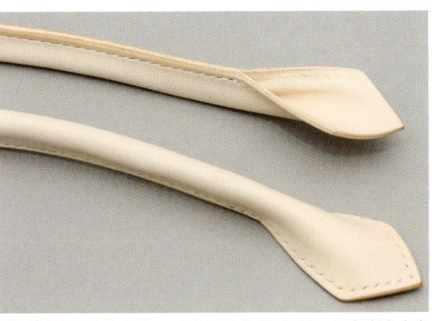

심재를 일절 넣지 않고 자연스럽게 휘어지는 손잡이입니다. 그립감이 좋고 유연해서 쓸수록 길이 드는 손잡이입니다.

POINT

단단한 손잡이를 만들 때는 옆끼리 맞붙일 때 가운데 심재를 넣는다. 시판되는 전용 심재나 둥근 가죽끈 등을 사용할 때는 심재에 맞춰 손잡이 폭의 두께를 조절한다.

■ 손잡이 달기

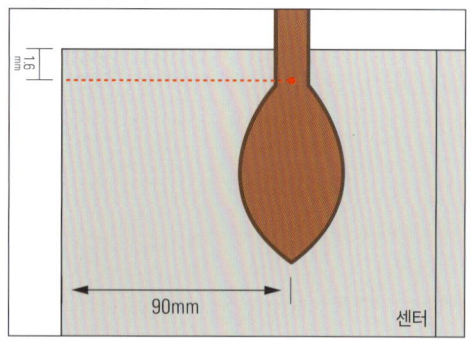

1 본판 패턴을 기본으로 양쪽 면에 균등하게 손잡이 모모를 달 위치를 정한다.

2 모모 위치를 정한 다음에는 패턴에 원형 송곳으로 표시한다.

3 손잡이와 패턴에 찍은 위치, 그리고 모모 끝을 패턴 위에서 합치고 아웃라인을 트레이스한다.

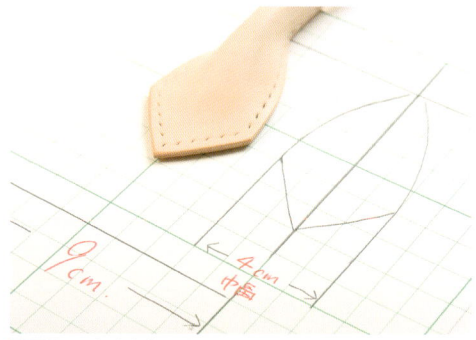

4 본판 패턴에 손잡이 위치를 표시한 상태. 이것을 기본으로 목타를 친다.

5 아웃라인에 딱 맞춰 목타 자국을 따라 마름 송곳으로 표시한다.

6 패턴에 난 자국 대로 간격을 조절하면서 목타를 친다. 정확하게 작업해야 한다.

가방 만들기의 기본 —토트백 제작—

BASIC TECHNIC

7 패턴을 본판 은면에 딱 맞춰(상하는 조절한다) 패턴의 목타대로 송곳을 찌른다. 은면에 가볍게만 표시하면 된다.

8 패턴을 떼어 내고 마름 송곳으로 다시 한 번 표시대로 확실하게 구멍을 낸다.

9 은면에 낸 표시대로 간격을 균등하게 맞춰가며 구멍을 낸다. 손잡이와 비교해가며 뚫어야 한다.

CHECK!

10 다른 한쪽은 패턴을 뒤집어서 7부터 동일한 순서대로 작업한다.

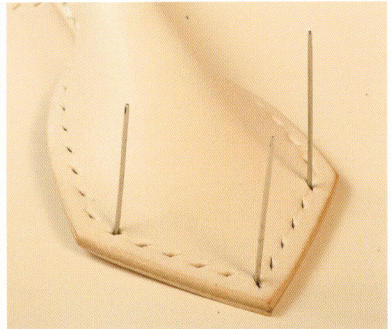

11 모모 모서리 삼각형을 접착한 상태에서 바느질을 시작한다. 여기서 본판과 모모 목타 구멍을 겹친 후 본판의 은면 쪽에 접착제를 바를 범위를 트레이스 하기 위해 삼각형 꼭짓점 목타 구멍에 바늘을 꽂는다.

61

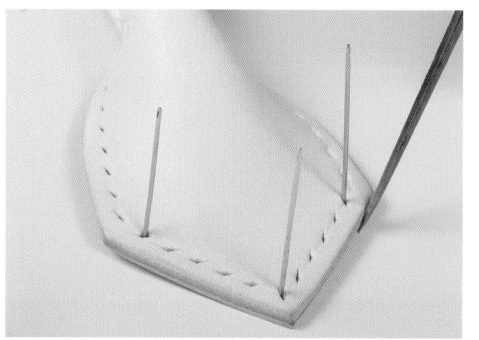

12 목타 위치가 비뚤어지지 않도록 주의하며 아웃라인에 딱 맞게 살짝 긋는다.

13 본판 은면의 삼각형과 모모 삼각형 전면에 목타 자국을 피해 흰 본드를 바른다.

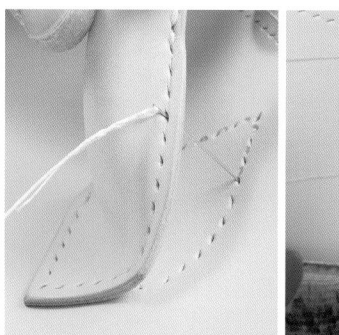

14 아웃라인을 그을 대와 동일하게 삼각형 모서리마다 바늘을 찌르고 흰 본드를 바른 접착면을 붙인다.

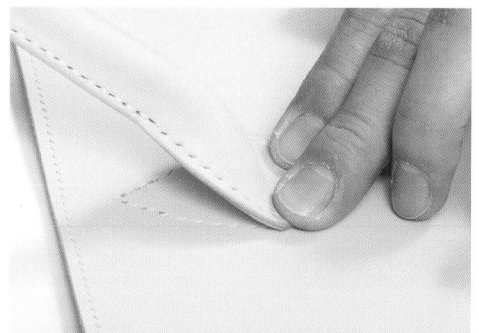

15 바느질 중 어긋나지 않게 접착면을 확실히 말려준다(당겨도 떨어지지 않을 때까지)

16 모모 끝부분부터 바느질하는데, 세 땀 돌아와서 바느질하기 때문에 시작 구멍은 끝에서 4번째이다.

17 좌우 길이를 같게 해서 왼쪽 바늘을 다음 구멍(본판과 손잡이 쪽)에 꽂아 실을 통과한다.

가방 만들기의 기본 —토트백 제작—

BASIC TECHNIC

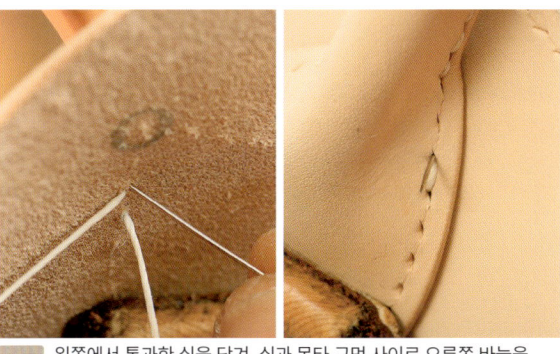

18 왼쪽에서 통과한 실을 당겨, 실과 목타 구멍 사이로 오른쪽 바늘을 통과한다. 여기서 왼쪽 실을 당겨 오른쪽 바늘이 실에 끼지 않은지 확인

19 실에 반대쪽 바늘이 걸리지 않은 것을 확인하고 좌우 실을 당긴다.

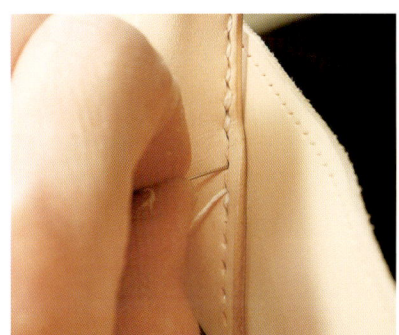

20 최초 한 땀을 메면서 동시에 모모 꼭짓점을 향해 다음 목타 구멍에 왼쪽 바늘을 통과한다. 그리고 오른쪽(본판 내피)에서 실을 당겨 오른쪽 바늘을 왼쪽으로 통과하고 다음 땀으로 건다. 본판 내피 쪽은 목타 구멍을 확인하기 어려우니 주의한다. 꼭짓점의 목타 구멍을 표시해 놓으면 편하다.

POINT 본판 쪽 꼭짓점 마름 송곳은 손잡이 양쪽 면을 바느질 할 때 끝의 목타 구멍(2개의 구멍이 겹친다)과 함께 조립한다.

21 왼쪽 사진처럼 두 땀 꿰맨 후 왼쪽 바늘을 손잡이에 표시한 구멍에 통과하고, 또한 본판에 붙은 모모 꼭짓점 구멍에 끼운다.

63

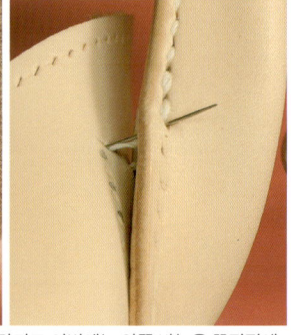

22 왼쪽에서 통과한 바늘을 오른쪽으로 보내고 실을 가볍게 당긴다. 제대로 작업하면 사진과 같은 상태가 된다.

23 왼쪽에서 통과한 실을 앞으로 당기고 이번에는 안쪽 바늘을 꼭짓점에 꽂는다. 그리고 다시 한 번 자국을 낸 손잡이의 목타 반대쪽에 꽂는다.

24 바늘이 실에 끼지 않은 것을 확인한 후 실을 당겨 단단히 멘다.

25 이어서 모모 삼각형(맞붙인 부분)을 향해 왼쪽 바늘을 다음 목타 구멍에 통과한다.

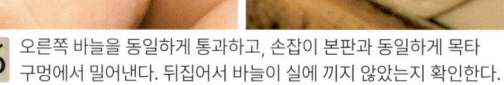
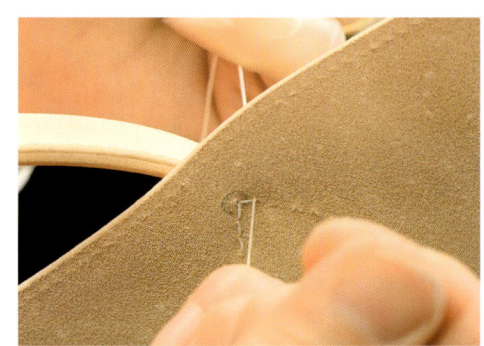

26 오른쪽 바늘을 동일하게 통과하고, 손잡이 본판과 동일하게 목타 구멍에서 밀어낸다. 뒤집어서 바늘이 실에 끼지 않았는지 확인한다.

27 좌우의 실을 확실히 당기면 모모 꼭짓점 반대쪽에도 바느질 모양이 생긴다.

가방 만들기의 기본 —토트백 제작—

BASIC TECHNIC

28 여기서부터는 같은 순서로 바느질을 진행해나가고, 바느질땀(꼭지점을 향해 4땀)을 되돌린다.

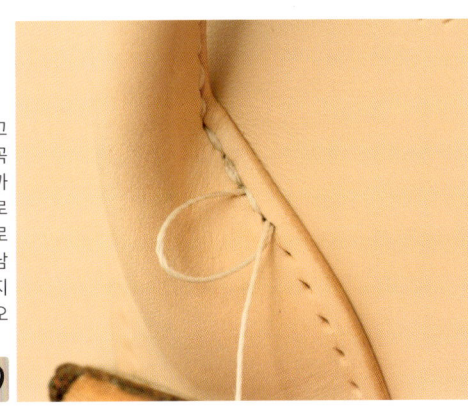

29 최초의 바늘을 통과하고 첫 땀까지 반대로 해서 꼭 짓점 반대쪽에 있는 1땀까지는 통상적인 방법으로 꿰맨다. 현 상태로 거꾸로 가는 땀수는 4땀이지만, 남은 반대쪽 2땀은 1땀까지 도착한 시점에서 되돌아오면 된다.

30 본판이 넓으므로 바느질이 힘들 때 한 개씩 목타를 확인해가면서 마지막 1땀까지 바느질한다.

31 먼저 반대로 바느질한 1땀까지 바느질이 끝났다면 (사진 오른쪽) 여기서부터 2땀을 반대로 바느질해서 최종적으로 모모 양쪽 3땀을 되돌아온다.

32 마지막 땀은 손잡이 쪽 실을 본판 내피 쪽으로 보내 묶어서 처리한다.

33 다른 쪽 손잡이도 동일한 순서로 바느질하면 모모 달기는 종료. 양 방향 본판에 손잡이를 달기 때문에 반대쪽도 동일하게 작업한다.

65

■ 내부 포켓 달기

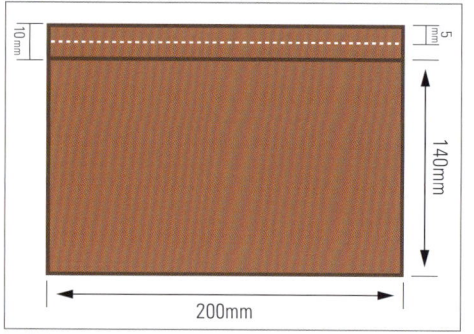

1 내부 포켓 입구에 강도를 높이기 위해 1cm 폭으로 시접한다.

2 포켓 입구가 되는 변에 10mm 폭으로 선을 긋는다. 그리고 현재 1.2mm인 두께를 0.8mm 로 부분 피할한다.

3 피할기는 일반적인 도구가 아니므로 피할집에 맡겨도 된다.

4 1.2mm 두께의 가죽이지만 테두리만 0.8mm 로 피할한 상태. 포켓 두께를 일정하게 하기 위해 0.4mm를 손피할한다.

5 포켓 입구를 시접하기 위해 10mm 폭으로 피할한 부분을 다시 5mm 폭으로 2개로 나눈다.

6 5mm 폭으로 나눈 테두리 전체를 구두칼로 0.4mm로 손피할한다. 대패로는 어려울 수 있다.

가방 만들기의 기본 —토트백 제작—

BASIC TECHNIC

7 테두리 부분을 다시 0.4mm 두께로 피할한 상태. 이것을 시접하면 1.2mm 가 되어 포켓과 동일한 두께가 된다. 포켓 입구가 되는 변의 강도를 높여준다. 피할이 어려우면 시접을 생략하고 단면을 다듬어도 된다.

8 시접 부분을 표시하기 위해 5mm 폭으로 낸 중심선에 카빙 나이프로 가볍게 긁어준다.

9 중심선에 자를 대고 나무 헤라 등으로 0.4mm 피할한 부분을 접는다. 그리고 손으로 눌러준다.

10 접은 부분에 흰 본드를 바른다. 내피끼리 붙이기 때문에 붙이기 쉽다.

11 0.4mm 두께로 피할한 부분만을 접어서 붙이고 압착한다. 양 끝부터 접착하고 눌러가며 중심으로 이동한다.

12 붙인 부분이 잘 유지되도록 롤러나 나무 헤라 등으로 다시 한 번 눌러준다.

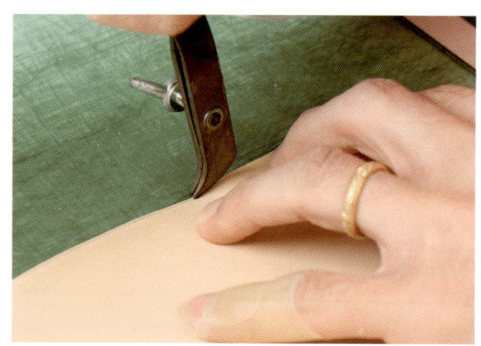

13 시접한 테두리는 장식선을 그어준다. 여기서는 폭 2mm 크리저로 마감

14 제작한 포켓에 패턴을 맞춰 아웃라인을 트레이스한다.

15 아웃라인을 따라 포켓을 재단하고 포켓 입구 제외한 남은 3면에 ㄷ자 모양으로 3mm 바느질 선을 긋는다.

16 본판(내피)에 붙인 다음에는 단면 마감을 할 수 없기 때문에 미리 3변의 단면을 마감한다.

17 바느질 선에 따라 목타를 치면 포켓 완성. 옆판 상단과 동일하게 좁은 날을 썼다.

가방 만들기의 기본 —토트백 제작—

BASIC TECHNIC

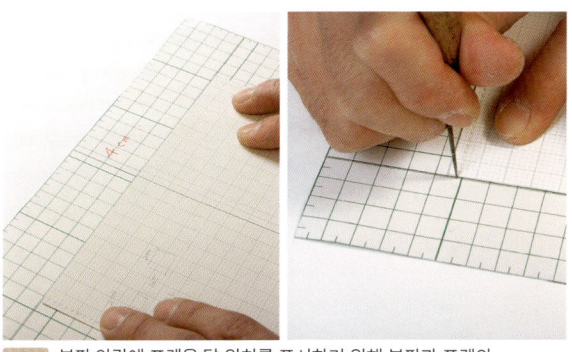

18 본판 안감에 포켓을 달 위치를 표시하기 위해 본판과 포켓의 패턴을 맞추고, 바느질 선 라인 위에 원형 송곳으로 자국을 낸다.

19 포켓 위치를 표시한 패턴을 본판 안감 은면에 딱 맞춘다.

20 패턴에 표시한 위치에 원형 송곳을 찔러 안감에 포켓을 달 위치를 표시한다.

21 포켓을 본판 안감 위에 올리고 표시와 포켓 바느질 선 끝을 맞춘다(포켓 입구 양 끝).

22 포켓 아웃라인을 긋기 하기 위해 맞춘 상태 그대로 위치를 표시한다.

23 포켓이 어긋나지 않도록 꽉 누르고 입구를 제외한 3면에 얇은 선을 긋는다.

24 포켓 목타보다 바깥으로 본판 안감에 그은 ㄷ자 아웃라인 안쪽에 3mm 폭으로 흰 본드를 바른다.

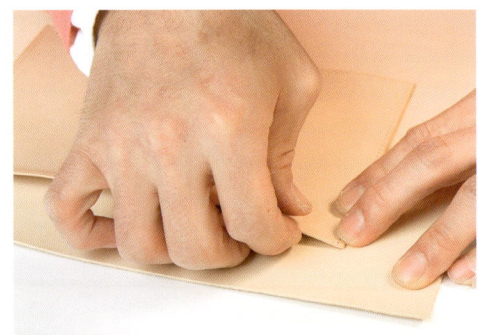

25 앞서 바느질 선 상단과 본판의 표시를 맞추고, 세 변을 아웃라인에 맞춰 딱 붙인다.

26 붙인 세 변을 롤러 등으로 정확하게 압착하고 완전히 건조될 때까지 기다린다.

27 포켓의 목타 위치를 따라 구멍이 뚫리지 않은 안감까지 구멍을 뚫는다.

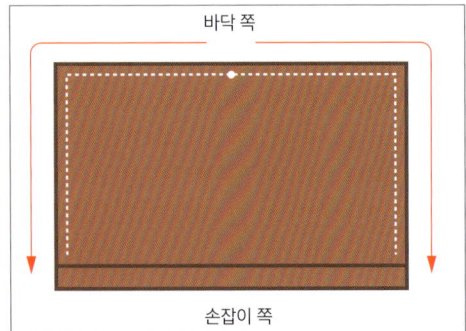

28 바느질 범위가 넓으므로 포켓 바닥을 중심으로 반으로 나누어, 상단을 향해 바느질한다.

29 포켓 아래 정중앙에서 바느질을 시작한다. 방향은 관계 없으니 한 쪽부터 끝까지 바느질한다.

가방 만들기의 기본 —토트백 제작—

BASIC TECHNIC

CHECK!

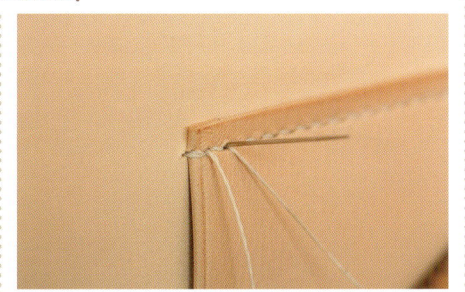

30 바느질이 끝나는 부분은 본판 안감에 표시한 구멍에 실을 2번 감아 강도를 높인다.

31 남은 실은 안감 내피 쪽에서 자른 후 흰 본드로 고정한다.

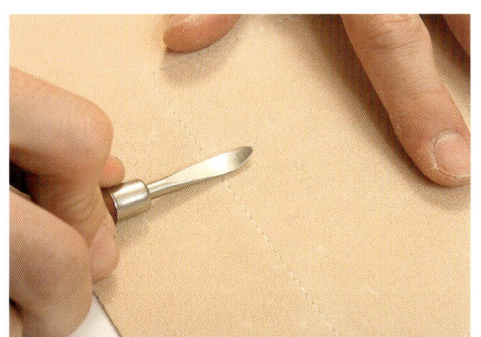

32 마지막으로 내피에서 바느질 선을 눌러서 포켓 쪽 땀에 깔끔하게 보이도록 처리한다.

POINT

본판처럼 넓은 파츠를 바느질할 때는 바느질이 힘들고 손도 많이 간다. 이럴 때는 단단하고 긴 물건을 포니에 함께 물리면 휘거나 흔들리지 않고 안정적으로 작업할 수 있다.

본판 안감에 포켓을 단 상태. 선호에 따라 양쪽에 모두 포켓을 달아도 된다.

33

■ 본판 겉감과 안감 붙이기

바닥쪽

1 본판과 안감을 붙이기 전에 바닥 중심에 해당되는 목타에 표시를 한다.

2 포켓 입구를 보고 위쪽을 확인한 후 본판과 안감의 내피끼리 맞붙인다.

3 먼저 상단을 붙인다. 본판의 목타보다 바깥쪽과 안감 테두리 5mm 범위에 흰 본드를 바른다.

4 먼저 상단의 두 모서리를 딱 맞춘 다음 중앙을 향해 붙여나간다.

POINT

도중에 흰 본드가 말라버릴 때는 다시 흰 본드를 붙여 맞붙인다. 수용성이므로 어느 정도 덧발라도 된다.

손잡이 부분은 안으로 밀어 넣으므로 접착면을 앞쪽으로 당겨 확실히 붙인다.

가방 만들기의 기본 —토트백 제작—

BASIC TECHNIC

상단 테두리를 정확히 붙였다면 다음은 바닥면을 붙인다.

5

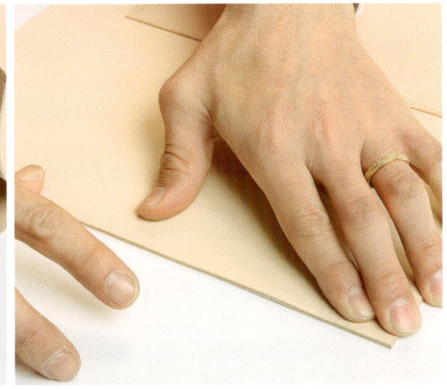

6 마지막으로 옆판을 붙인다. 접착폭이 넓기 때문에 2~3회 나누어 접착제를 바르며 붙여나간다.

7 안감과 합체한 본판. 테두리만 붙였으므로 가죽 본래의 유연함이 살아있다.

8 붙인 안감에 목타 구멍을 내기 위해 목타 구멍을 따라 ㅁ자로 친다.

9 모모 위쪽(장식 바느질 부위)는 손잡이를 옆으로 밀어가며 두 날 목타로 구멍을 뚫는다.

10 본판 상단 끝부터 바느질한다. 바느질 시작은 1땀 되돌아오고, 손잡이를 꿰매지 않도록 잘 피해가며 바느질한다.

11 바느질이 끝나면 1땀 되돌아 와서 처리한다. 또한 장식 바느질은 30×3호인 가는 실을 이용한다.

12 상단 바느질이 끝난 상태. 이 다음은 장식 바느질 위쪽 단면을 마감할 차례

13 단면을 렛서로 균등하게 펴고 각이 선 테두리를 가볍게 깎아낸다. 손잡이가 상하지 않게 주의

14 평평해진 단면에 토코놀을 바른다. 바느질 선에 닿지 않게 주의한다.

15 깨끗한 천과 나무 헤라를 사용해서 연마한다. 천으로 닦을 때는 안감 쪽을 아래로 놓으면 편리하다.

가방 만들기의 기본 —토트백 제작—

BASIC TECHNIC

POINT

손잡이 뒤쪽은 마감이 힘들다. 좌우로 뻗어나가듯 연마한다. 바깥쪽에서 보이는 부분이므로 주변 단면도 깔끔하게 마감해야 한다.

단면 마감이 끝난 본판. 반대쪽 본판도 동일하게 작업해서 두 개의 본판을 완성한다. 이 다음은 드디어 옆판과 연결할 차례이다.

POINT

포켓을 달 때도 바리에이션을 해서 형태를 바꿀 수 있다. 사진의 포켓은 옆판을 조립하는 방법과 동일하게 만든 포켓인데, 수납을 많이 할 수 있어서 좋다.

75

■ 본판과 옆판 조립하기

안성 직전의 파츠는 본판 2개, 옆판 1개. 총 3개 파츠로 나뉩니다. 본판과 옆판을 완전히 바느질해서 조립하는 내용이 주가 되지만, 각 파츠가 많아 작업량이 많을 뿐 그다지 어렵지 않습니다.

붙이는 순서

본판과 옆판을 조립하는 것은 이제까지와 동일하게 먼저 파츠끼리 접착하여 건조한 후 바느질하면 된다. 그러나 본체와 옆판이 크다 보니 접착하기 어렵고, 각각의 목타 구멍도 정확하게 맞추어야 한다. 따라서 각 파츠의 붙이는 순서를 정하고, 목타 구멍을 맞추며 붙인다. 붙이는 순서는 오른쪽 일러스트 순서대로다. 일러스트와 작업 공정의 설명을 바탕으로 정확히 파츠를 조립하면 된다. 또한 접착할 때는 지금까지와 마찬가지로 흰 본드를 사용하되, 접착제를 바르는 범위는 목타 구멍보다 바깥쪽이다.

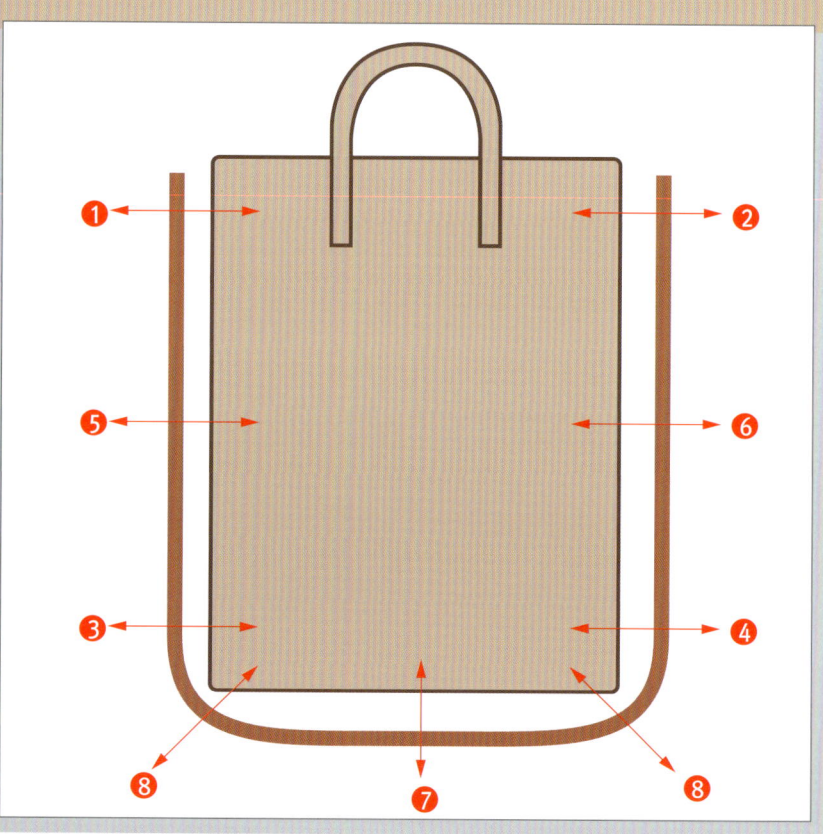

1

가방 만들기의 기본 —토트백 제작—

BASIC TECHNIC

2 공정 시작 때 해설했듯이 처음은 상단 모서리 근처부터 붙인다. 어느 쪽이라도 좋으니 모서리 하나를 택해 흰 본드를 바른다.

3 목타를 딱 맞춰놓았으므로 장식 바느질선이 끝나는 모서리마다 1땀 앞 목타에 바늘을 꿴다.

4 바늘을 직각으로 세워 구멍에 끼우고 모서리를 맞춰 접착제를 붙인다.

5 접착면에 마를 때까지 클립으로 조립한다. 여기서는 클립으로 눌리는 범위만큼이 접착 범위

6 남은 반대쪽 상단 모서리를 접착한다. 위의 작업과 동일하게 먼저 접착면에 흰 본드를 바른다.

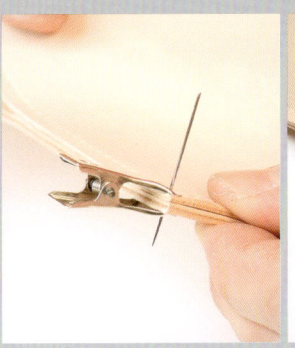

7 모서리부터 한 땀 째 구멍에 바늘을 꿰고 양 모서리를 맞추어 접착. 클립으로 고정해서 마를 때까지 기다린다.

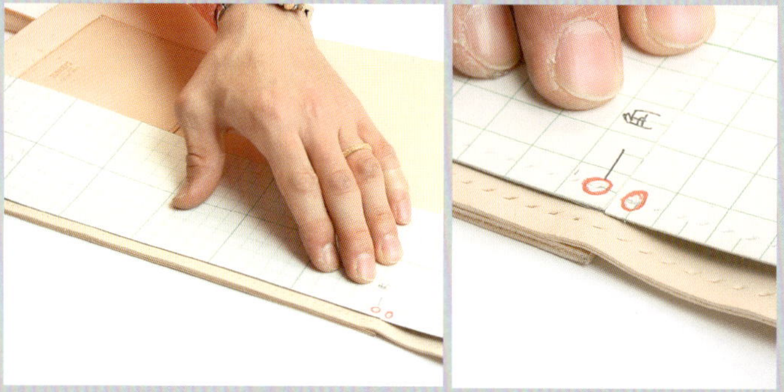

붙이는 순서

8 다음은 바닥 모서리와 옆판을 붙일 차례이다. 모서리를 정확하게 맞춰야 하므로 옆판 패턴을 모서리에서 한 땀 앞 목타 구멍을 확인한다.

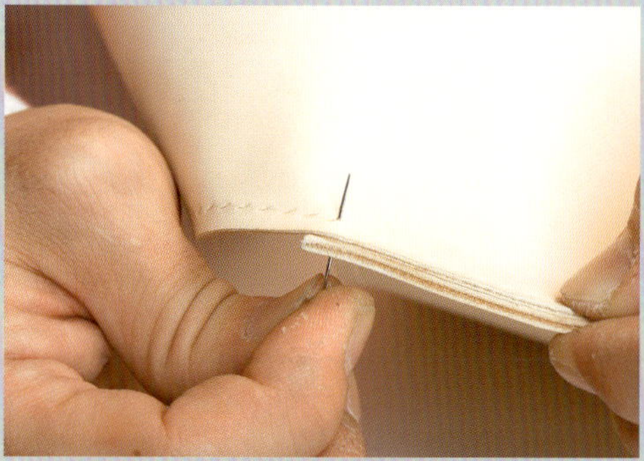

9 상단이 모서리를 맞출 때와 동일하게 모서리에서 한 땀 앞에 바늘을 꿰고 위치를 맞춰 접착한다.

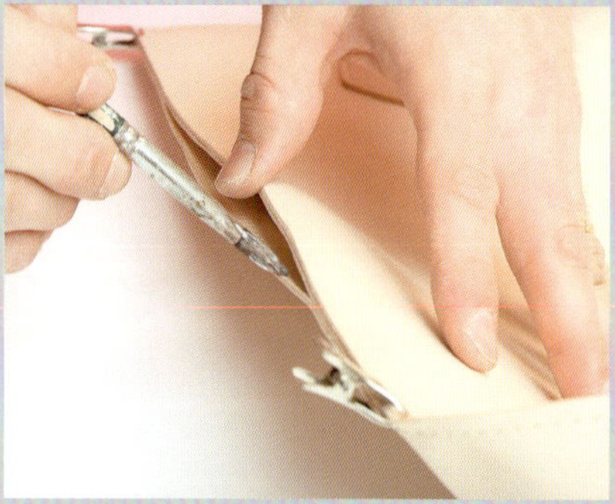

10 본판 양면 아래 위를 붙인 후 중심 언저리도 붙인다.

11 측면에도 목타 구멍이 있으므로 중간에 바늘을 끼우고 본판과 옆판의 목타 구멍이 일치하는 것을 확인하며 붙인다.

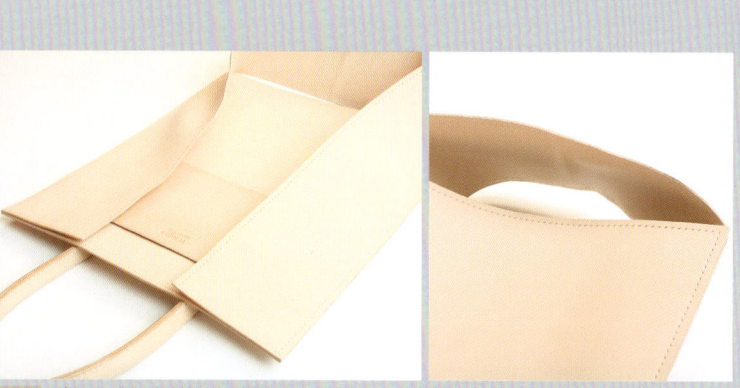

12 같은 순서를 반복하며 반대쪽 본판 면도 맞춘다. 상태를 확인하면 본판의 바닥을 제외한 모든 접착면이 조립된 상태

13 바닥을 맞출 때도 목타 위치를 확인하기 위해 중심에 바늘을 꽂는다.

가방 만들기의 기본 —토트백 제작—

BASIC TECHNIC

14 바닥 중심에 해당하는 목타 구멍 좌우 5cm 부분에 흰 본드를 바르고 맞붙인다.

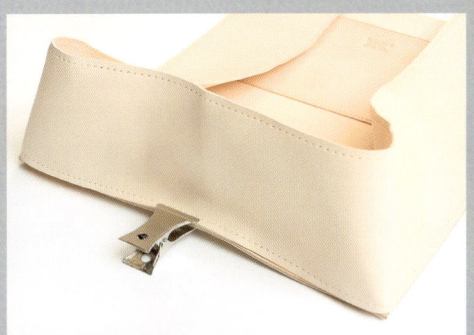

15 클립으로 고정하고 중심에서 각 모서리 순으로 접착한다.

16 모서리를 확실히 맞추기 위해 옆판의 모서리를 놔둔 채 형태를 잡는다. 나무 헤라 등을 사용해서 작업하면 쉽다.

17 옆판의 모서리 목타보다 1땀 앞 목타끼리 맞추고 바늘을 꿴다.

18 모서리에서 5cm 정도 범위에 흰 본드를 바르고 앞에서 맞춘 목타가 어긋나지 않도록 주의하면서 각 모서리 부분을 맞춘다.

19 접착제가 어느 정도 마르면 다시 한 번 나무 헤라로 모서리를 잡고 옆판, 모서리 구멍을 정확하게 맞춘다.

79

붙이는 순서

CHECK!

20 모서리 구멍 맞추는 단계는 본판과 옆판을 바느질할 때 중요한 역할을 한다. 구체적으로는 모서리를 바느질하는 공정에서 확실히 알 수 있는데, 현재 상태에서는 옆판 모서리에 해당되는 목타 구멍이 사진과 같은 형태로 위치하고 그 좌우의 목타 구멍이 잘 맞춰져 있는 것을 확인해야 한다.

21 붙인 모서리에서 중심을 향해, 남은 측면을 접착한다. 이때도 도중에 바닥의 1/4 정도 위치에 목타 구멍을 확인해 두면 좋다.

22 반대쪽 바닥과 동시에 모서리에서 중심을 향해 옆면을 맞붙인다.

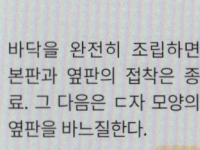  

바닥을 완전히 조립하면 본판과 옆판의 접착은 종료. 그 다음은 ㄷ자 모양의 옆판을 바느질한다.

23

80

가방 만들기의 기본 —토트백 제작—

BASIC TECHNIC

24 본판과 옆판을 바느질하는 범위가 넓다. 그래서 한 번에 바느질을 끝내기는 어렵고 바닥 중심에서 옆면을 향해 L자로 나누어 2번에 걸쳐 꿰맨다.

25 자국을 낸 바닥 중심에 실을 꿰고 한쪽을 향해 바느질한다.

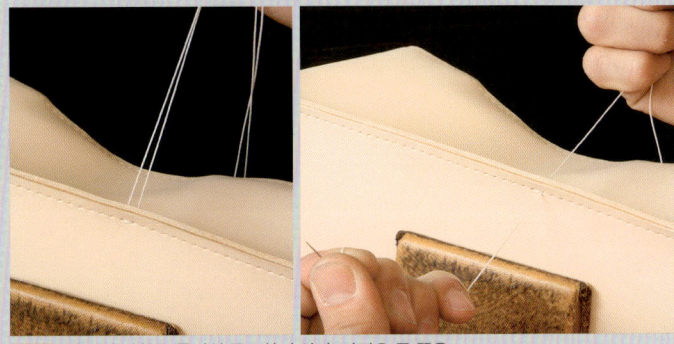

26 바느질 방향은 특별히 중요하지 않다. 사진은 몸 쪽을 향해 바느질하는 첫 땀을 멘 상태이다.

27 처음 한 땀에서 바느질하고 그대로 모서리 한 땀 앞까지 바느질한다.

28 모서리에서 한 땀 앞까지는 통상적인 바느질. 이어서 여기서 왼쪽부터 바늘을 통과한다.

29 모서리 양 끝은 옆판이 부풀어 있으므로 목타 구멍이 어긋나지 않도록 형태를 잡아가며 바늘을 통과한다.

붙이는 순서

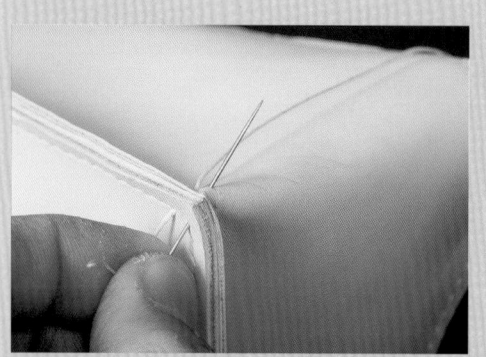

30 모서리는 작업이 까다롭다. 먼저 왼쪽 실을 본판 모서리 구멍에 통과하고 옆판 구멍으로 빼낸다.

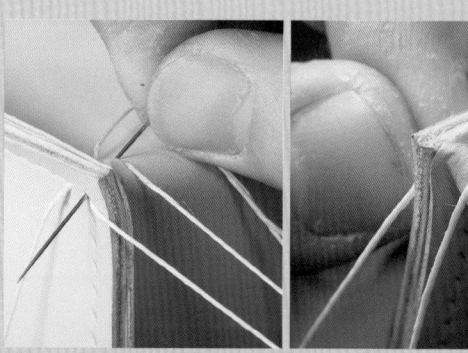

31 왼쪽에서 통과한 실을 몸 쪽으로 당기고 옆판 모서리에서 본판 모서리(왼쪽에서 통과한 실과 구멍 사이)에 오른쪽 바늘을 찌른다. 그리고 왼쪽 실을 당긴다.

32 실과 바늘이 꼬이지 않은 것을 확인하고 그대로 좌우의 실을 당겨 땀을 멘다.

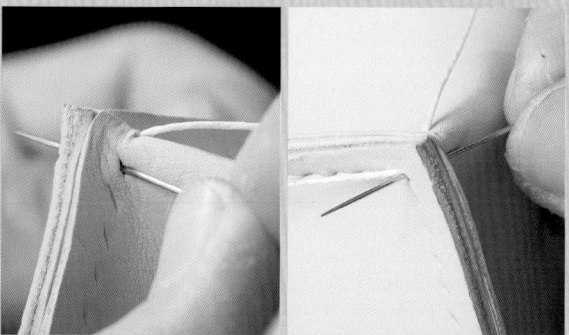

33 오른쪽 바늘을 모서리보다 1땀 앞 구멍에 끼우고 본판 모서리 목타 구멍으로 뺀다. 앞에 통과한 실 사이에 바늘이 들어가지 않도록 주의

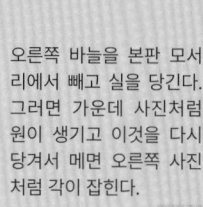

오른쪽 바늘을 본판 모서리에서 빼고 실을 당긴다. 그러면 가운데 사진처럼 원이 생기고 이것을 다시 당겨서 메면 오른쪽 사진처럼 각이 잡힌다.

34

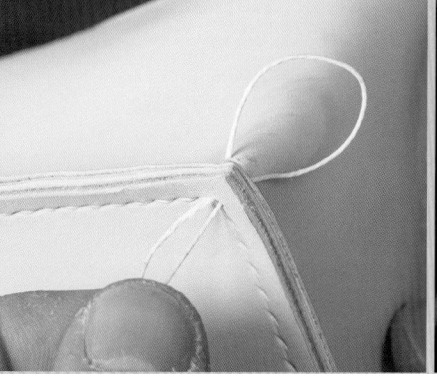

가방 만들기의 기본 —토트백 제작—

BASIC TECHNIC

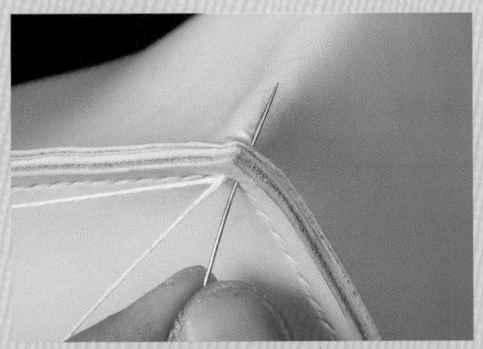

35 이번에는 왼쪽 바늘을 본판 모서리(오른쪽 실과 목타 사이)에 끼우고 옆판 모서리에서 뺀다.

36 좌우의 실을 당겨 확실히 메면 모서리 부분 바느질은 종료

37 여기서부터 상단까지는 기본 바느질(왼쪽 바늘을 오른쪽에 통과하고 오른쪽 바늘을 왼쪽으로 통과하는)을 한다.

38 상단 모서리까지 바느질하면 여기서부터는 모서리 강도를 높여주는 처리를 한다.

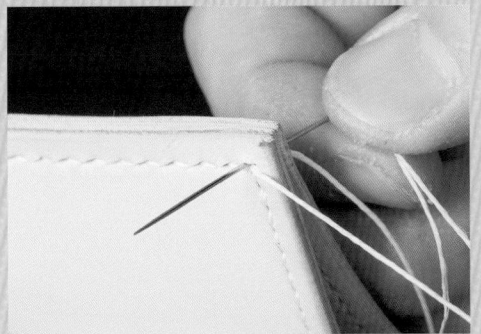

39 왼쪽 바늘을 오른쪽으로 통과하고 실과 땀 사이를 꿰매듯 바늘을 통과한다.

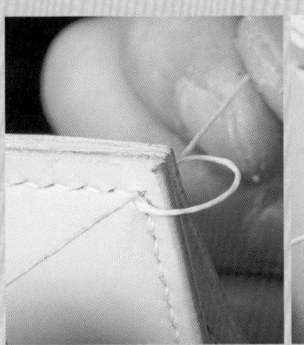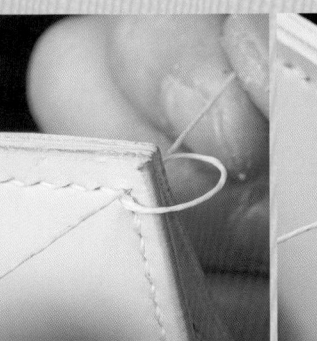

40 오른쪽에서 통과한 외족 바늘을 빼고 그대로 실을 당긴다(왼쪽 사진). 그리고 좌우의 실을 당겨 멘다(오른쪽 사진)

83

붙이는 순서

> **CHECK!**
> 추가로 다시 한 번 왼쪽 바늘을 오른쪽에서 통과하고 모서리에서 2중으로 맨다. 오른쪽 사진은 깔끔하게 메어진 상태
>
> **41**

42 마지막은 한 땀 돌아와 처리한다. 안으로 돌아오는 형태로 좌우 바늘을 땀과 땀 사이에 통과한다.

43 왼쪽에서 통과한 실과 땀 사이에 오른쪽 바늘을 끼운다. 그리고 양쪽 실을 당겨 땀을 확실히 맨다.

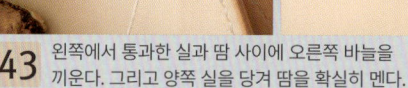

44 왼쪽 실을 오른쪽으로 보내어 처리하기 위해 반대쪽을 바느질한 다음 땀과 땀 사이에 왼쪽 바늘을 넣는다.

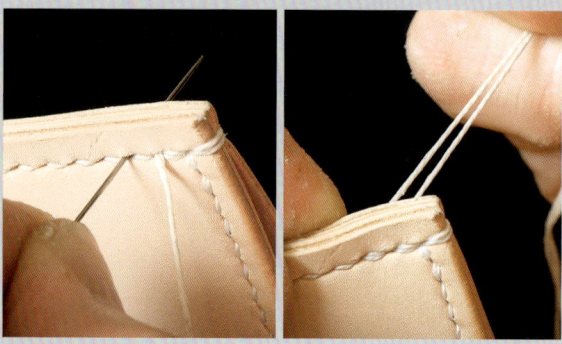

45 남은 실을 오른쪽, 옆판 쪽에서 자른다. 흰 본드로 처리하면 한쪽 L자는 마무리

가방 만들기의 기본 —토트백 제작—

BASIC TECHNIC

46 바느질 한 실 위를 카빙 나이프 등으로 눌러 평평하게 한다.

47 한쪽 L자를 바느질 한 후 다시 바닥 중심으로 돌아와 L자로 바느질을 시작한다. 바느질 첫 땀은 처음과 동일하고, 바늘이 실 사이를 통과하지 않도록 주의

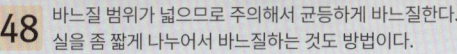

48 바느질 범위가 넓으므로 주의해서 균등하게 바느질한다. 실을 좀 짧게 나누어서 바느질하는 것도 방법이다.

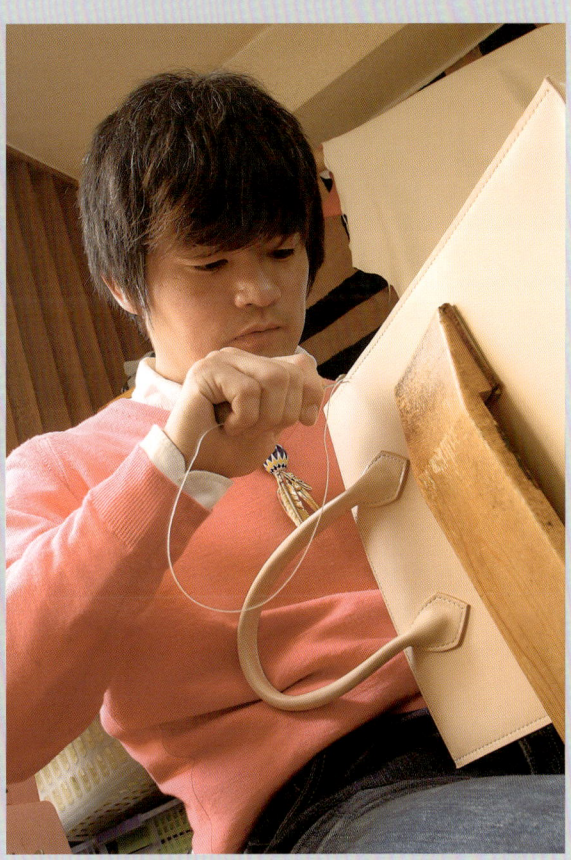

85

붙이는 순서

49 2번째 L자 바느질이 끝났다면 한쪽 본판 합체는 종료. 반대쪽도 동일하게 바느질한다.

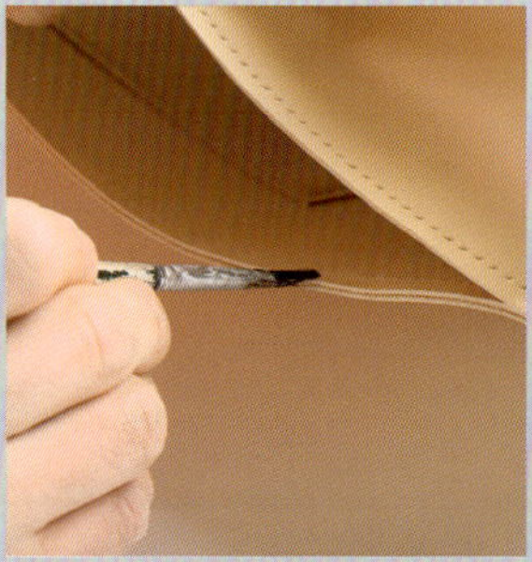

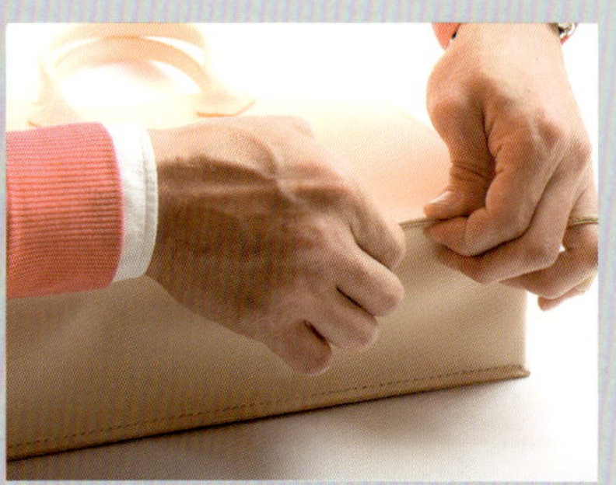

50 본판과 옆판을 조립하는 순서는 앞과 동일하다. 왼쪽 본판이 붙어있기 때문에 안정적이다. 은면이 더러워지지 않도록 주의한다.

POINT

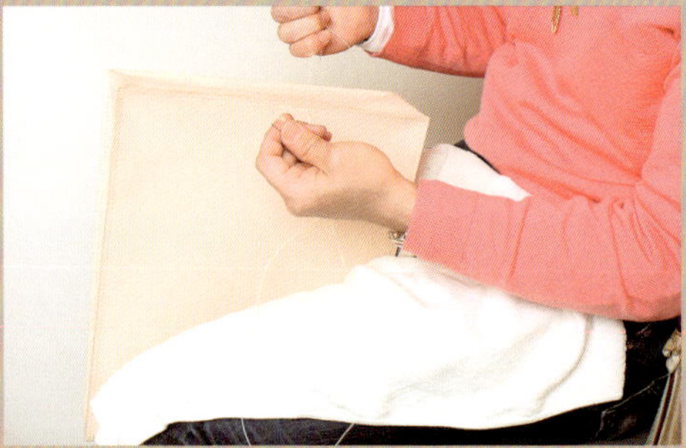

포니를 쓸 수 없을 때는 무릎에 끼워서 바느질한다. 청바지 등은 이염될 수 있으므로 조심한다.

긴 파츠를 고정할 때는 스탠딩 포니가 좋다. 가방 작업을 계속할 계획이라면 한 개 정도 구비해 놓자

■ 단면 마감하기

CHECK!

테두리를 다듬기 전에 전체를 체크하면서 접착이 떨어진 곳이 있는지 확인한다. 갈라진 부분은 흰 본드를 살짝 밀어 넣어 접착한다.

1

가방 만들기의 기본 —토트백 제작—

BASIC TECHNIC

2 마감 전의 단면. 붙인 가죽층이 보이는 상태

3 기본 테크닉을 따라 먼저 단면 요철을 구두칼로 깎아낸다.

4 렛서로 다듬는다. 바느질 선을 5mm 로 설정하고 확실히 다듬는다.

5 비벨러로 모서리를 깎는다. 균일하게 깎되 바느질 선을 침범하지 않도록 한다.

6 토코놀을 바르고 천과 나무 헤라로 다듬는다. 단면이 두껍고 바느질 선까지 여유가 있으므로 확실히 깎아내야 한다. 단면에도 확실하게 토코놀을 발라 광택을 낸다(오른쪽 사진)

완성된 토트백

기본 기술만을 사용해서 깔끔하게 완성된 토트백. 정확하게 작업하면서 좋아하는 가죽으로 제작해 봅시다.

손잡이부터 옆판까지 한 장의 고급 생지 가죽으로 제작하였습니다. 안감도 같은 가죽을 사용했습니다. 각 파츠는 전면을 붙이지 않고 테두리만 붙여서 가죽의 유연함이 살아있습니다. A4 사이즈에 옆판은 10cm입니다. 그리고 안감에 2개의 포켓을 달아 사용성이 좋은 토트백입니다.

SPECIAL THANKS

디자인과 세공, 그리고 재료와 디테일까지 수많은 매력을 지닌 터키즈

TURKEY'S HAND MADE LEATHER WORKS
도쿄도 세타가야구 오쿠사와 6-33-9 우치우미 빌딩 4F
TEL & FAX   03-5706-0266
URL   http://www.turkeys.co.jp/
URL   http://store.shopping.yahoo.co.jp/turkeys

　멋진 토트백 제작을 담당한 작가는 지유가오카의 공방 '터키즈'의 다키모토 씨입니다. 독학으로 가죽 소품 만들기를 배운 다키모토 씨는 기성 개념에 얽매이지 않는 자유로운 발상을 담아 제품을 제작. 지갑 1 개를 봐도 전체의 두께를 극한까지 줄인 가죽과 눈에 띄지 않는 안감까지 섬세한 세공을 하는 등 손바느질 특유의 집념이 빛나는 명품입니다. 또한 재료가 되는 가죽도 철저하게 고집 유럽에서 직수입 식물 타닌에 의한 가죽을 중심으로 다루면서, 때로는 도마뱀이나 스팅과 같은 가죽을 엑센트로 사용하거나, 때로는 대담한 금박이 제품에 사용되는 등 그 기술을 더욱 빛나게 하는 센스도 갖추고 있습니다. 지금까지 취급하지 않았던 가죽 가방은 손님의 요구에 부응한 디자인으로, 그런 인품도 터키즈의 매력 중 하나입니다.

다키모토 게이지 씨
자신이 원하는 물건을 만들고 싶어서 이 길로 들어 모든 독학으로 기술을 습득. 기성 개념에 얽매이지 않고 직접 만들며 기술을 축적하며 제품 제작을 전개하고있다.

1 손님의 오더에 맞춰 만들었다는 토트백. 이탈리아 시보 가죽을 본판에 사용하였습니다. 이 책에서 제작한 토트 백도 재료와 마감을 바꾸면 이런 모습이 됩니다.
2 겉감으로 도마뱀 가죽을 쓴 심플하면서도 박력있는 지갑. 안쪽에는 머니 클립을 내장하고 단추는 스팅레이를 썼습니다.
3 절묘한 재단으로 맞물리는 말굽형 동전지갑. 다양한 재질이 라인업되어 있습니다.
4 생생한 색상의 리자드를 이용한 카드지갑입니다   **5** 아메리칸 테이스트의 지갑. 사용성을 고려해 두께를 줄여 마감했습니다.
6 코도반을 사용해서 만든 지갑과 생지 가죽을 이용한 동전 주머니. 유러피안 스타일의 대표적인 제품입니다
7 천연 염료로 염색한 가죽을 써서 만든 부드러운 촉감의 지갑. 양면을 열 수 있어 수납력이 좋습니다.

MAKING TECHNIC 1   제작 해설①
명함지갑
베이직 소품인 명함지갑이지만 사이즈만 변형해도 다양한 느낌을 낼 수 있습니다.

직접 사용하기도 선물하기도 좋은 아이템

　제작해설 코너에서 처음으로 소개하는 것은 명함지갑입니다. 이 책 테마인 가방은 아니지만 기본 구조가 가방과 동일하기 때문에 명함지갑을 만들 줄 알면 가방이나 다른 제작물에도 응용할 수 있습니다. 다만 사이즈가 좀 작아서 만들기 어려운 측면이 있지만, 명함지갑을 만들 줄 알면 큰 가방에 도전할 때는 훨씬 쉽다고 느낄 수 있습니다. 실용성도 높은 아이템이므로 선물해도 상대가 기뻐할 것입니다.

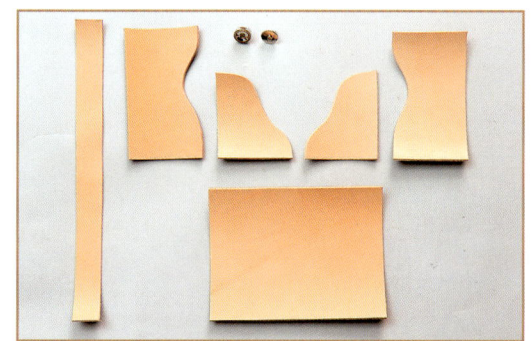

오른쪽 그림대로 재단한 모습. 이 명함지갑에는 가죽 이외에 덮개를 고정하는 자석이 사용된다.

패 턴

제일 큰 사각형이 본판 패턴이고, 점은 목타 위치입니다. 총 20개. 뒤집었을 때 12개가 기본이고, 포켓에 맞추어 제작하면 됩니다. 패턴은 184%로 확대하면 됩니다.

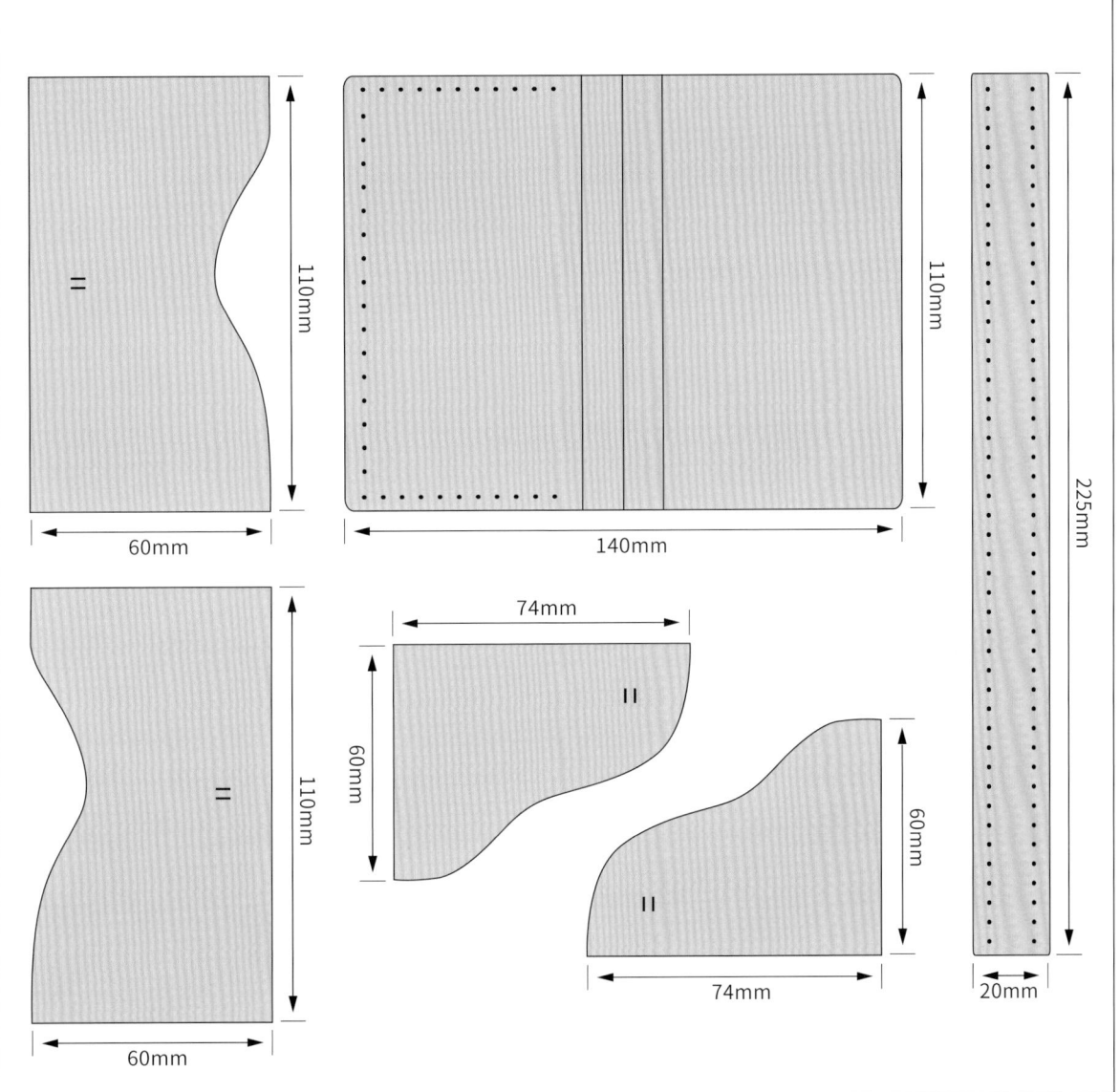

91

■ 각 파츠의 제작

POINT
일반적으로 자석은 동그란 쇠판으로 고정하는데, 두께가 두꺼워지므로 이번 작품에서는 쇠판을 뺐다.

1 명함 홀더 중 긴 변을 아래로 두었을 때 오른쪽이 직선인 파츠에 구멍을 뚫고 자석을 단다

2 자석의 발톱은 쇠봉 등으로 구부려서 나무망치로 두들긴다. 세게 때리면 발톱이 망가지므로 주의

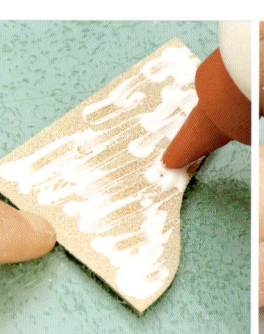

3 명함 홀더 다른 쪽 가죽에 접착제를 바르고 가죽 끝부터 긁어낸다. 접착제 양을 줄여야 붙일 때 넘치지 않는다.

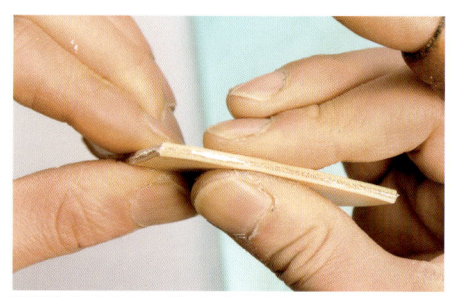

4 얇게 발라도 맞붙일 때 비져 나올 수 있으므로 스며나오는 즉시 잘 닦아낸다.

CHECK!

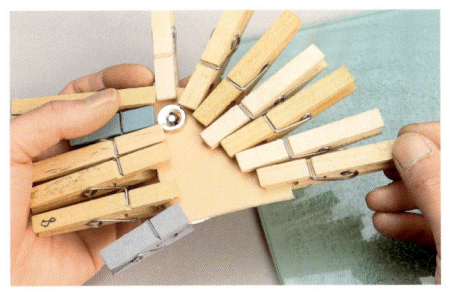

5 맞붙인 가죽은 집게로 누른다. 은면에 상처 나지 않는 재질을 사용

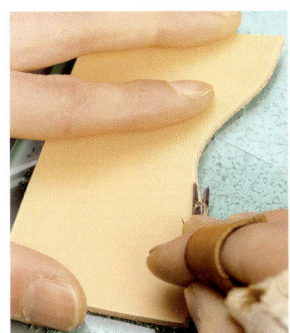

6 홀더와 포켓 안쪽 등 바느질한 뒤 작업 할 수 없는 단면을 마감한다. 먼저 단면의 거친 부분을 깎아낸다.

7 120방 사포를 써서 다듬는다. 가격은 비싸지만 오래 사용할 수 있다.

8 단면에 물을 묻히고 토코놀을 바른다. 단면 마감제를 바르면 접착제가 잘 붙지 않으니 주의할 것

9 사진처럼 슬리커 등을 사용해서 다듬는다. 표면의 색이 더 이상 변하지 않을 때까지 문지른다.

10 명함을 넣을 때 마찰을 줄이기 위해 본판 가죽에 토코놀을 바른다. 테두리에는 바르지 않는다.

11 포켓 가죽 내피도 토코놀을 바르고 잘 문질러서 다듬는다.

12 작품에 액센트를 더하기 위해 홀더 일부에 각인을 넣었다. 먼저 색이 변할 정도로 물을 묻히고 5분 정도 말린 후 표면이 원래 색으로 돌아오면 각인을 박는다.

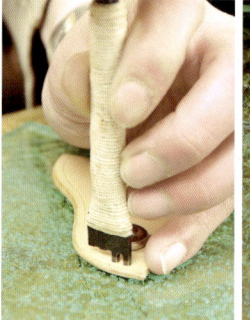

13 홀더 일부를 바느질하기 위해 바느질 선을 긋는다. 가죽공방 K 전용 목타를 쓴다.

14 곡선에 맞춰 2날, 4날 목타로 구멍을 낸다. 구멍 시작과 끝의 위치는 적당하게 맞추면 된다.

명함지갑 MAKING TECHNIC 1 제작해설 ①

15 작은 헤라로 목타 구멍을 눌러준다. 가죽 강도를 높여주는 작업이다.

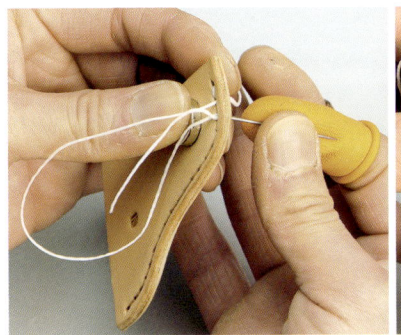

16 나일론 실로 꿰맨다. 소품이기 때문에 포니 없이 그냥 꿰매도 무방. 대신 골무를 썼다.

끝까지 바느질을 끝냈다면 3땀 돌아와 실을 자르고 끝을 라이터로 지져서 마무리한다.

17

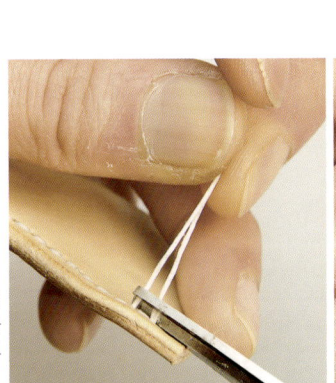
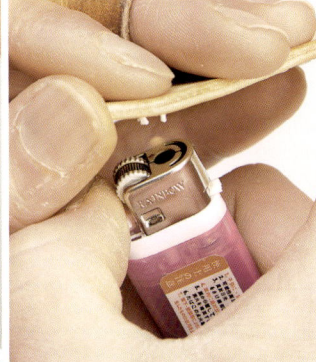
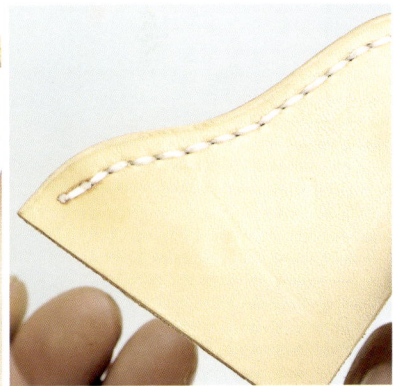

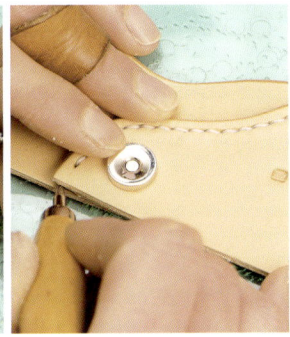

18 홀더 직선 부분의 단면을 사포로 문지르고 포켓 가죽을 겹친 후 원형 송곳으로 위치를 표시한다.

CHECK!

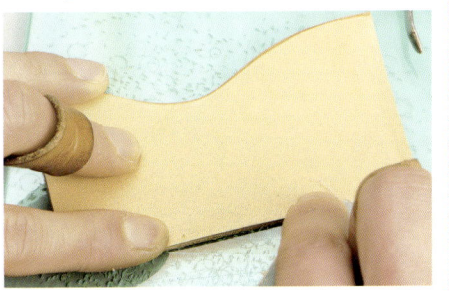

19 포켓을 달기 편하게 표시한 오른쪽 표면을 거칠게 깎는다.

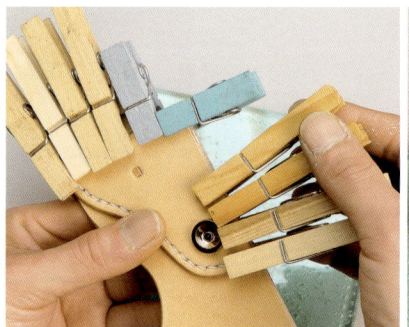

20 겉면도 접착면을 깎고 접착제를 바른다.
접착제가 비어져 나오지 않게 주의

21 포켓과 홀더를 붙이고 반대쪽 포켓을 씌운 뒤 자석을
손가락으로 꽉 누른다. 포켓에 자석 위치가 표시된다.

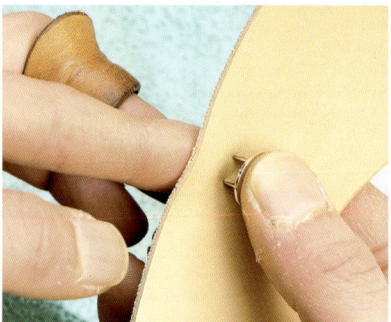
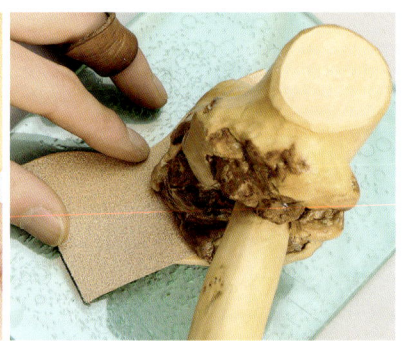

22 21에서 표시한 자석 자국을 참고로 자석용 구멍을 뚫는다. 다음에 자석 발톱을 눌러 끼운 후 목타로 발톱을 꺾는다. 가볍게 두들겨서 고정한다.

■ 전체 조립

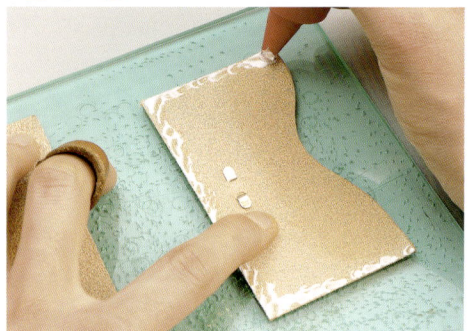
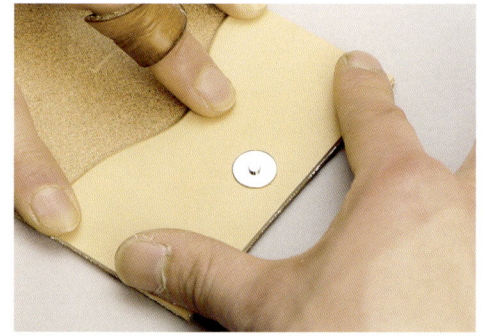

23 홀더가 없는 포켓 내피에 접착제를 바른다.
은면과 달리 거칠게 깎지 않아도 된다.

24 본체와 어긋나지 않도록 주의하면서 포켓을
붙인다. 접착제가 넘치면 닦아낸다.

25 홀더가 있는 포켓을 붙이기 전에 바느질 선을 직선으로 그린다. 3변만 그리면 된다.

CHECK!

26 포켓의 짧은 변의 모서리에 눈금이 오도록 12개를 뚫으면 본체와 맞는다.

짧은 변 모서리와 맞춰 긴 변에도 목타를 친다. 순서 대로 진행해서 20개의 목 타 구멍을 뚫는다.

27

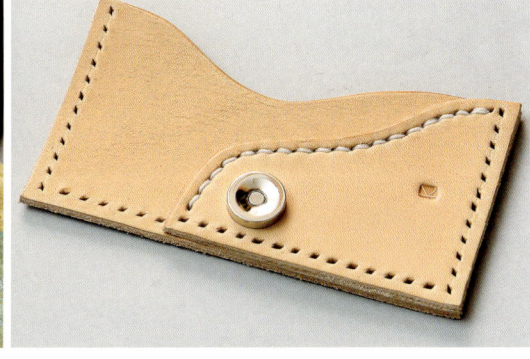

본판 끝에 바느질 선을 그 은 후 앞선 공정에서 포켓 을 붙인 쪽 끝부터 목타를 친다.

28

29 붙인 가죽의 단차에 목타가 걸리지 않도록 간격을 조절한다. 끝에서 한 번에 목타를 치다 보면 걸릴 수 있으므로 양 끝에서 교대로 중앙을 향해 구멍을 뚫는 것이 요령

홀더가 달린 포켓을 바느질하는 부분을 포켓 쪽 목타 위치에 맞춰서 구멍을 뚫는다.

30

31 바느질 후 감춤질 부분도 원형 송곳으로 표시한다.

본판 중심부에 목타를 칠 때는 포켓과 같은 두께의 가죽을 사진처럼 괴어놓고 뚫으면 정확하고 깔끔하게 작업할 수 있다.

32

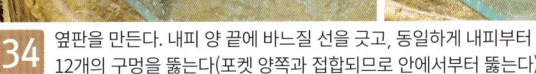

33 구멍을 뚫은 부분은 전부 바느질 선이므로 헤라로 눌러준다.

34 옆판을 만든다. 내피 양 끝에 바느질 선을 긋고, 동일하게 내피부터 12개의 구멍을 뚫는다(포켓 양쪽과 접합되므로 안에서부터 뚫는다)

35 12개의 목타 구멍을 뚫은 후 펜으로 모서리를 표시한다.

POINT

긴 변 쪽은 20개의 구멍을 뚫는데 처음 뚫는 구멍(13개째)는 꺾이는 것을 고려해서 12개째부터 거리를 잰다.

36 짧은 쪽에 12개의 구멍을 뚫은 후 남은 가죽을 잘라낸다.

37 옆판은 늘어나기 때문에 먼저 내피의 목타 사이를 물로 적셔서 목타 구멍 1~2mm 안쪽에 헤라로 실을 긋는다.

38 좌우의 선을 따라 조각칼로 파낸다. 가죽을 쉽게 구부리기 위한 작업이므로 살짝만 파면 된다.

39 옆판 짧은 쪽은 바느질한 후에는 다듬을 수 없으므로 미리 단면을 다듬는다.

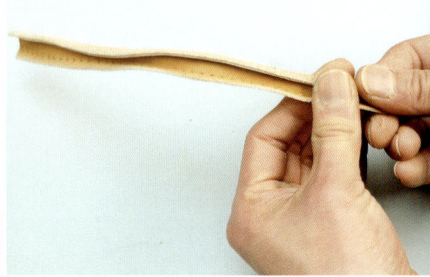

40 단면 마감이 끝난 다음에는 다시 옆판에 물을 묻히는데, 바닥 뿐 아니라 은면도 솔을 사용해서 물을 묻힌다. 그리고 은면이 안쪽을 향하도록 가죽을 ㄷ자로 접어서 형태를 만든다.

41 목타를 칠 때 표시한 모서리에 물을 바르고, 부드러워지면 내피를 향해 ㄷ자로 접는다. 이것으로 옆판 준비는 종료

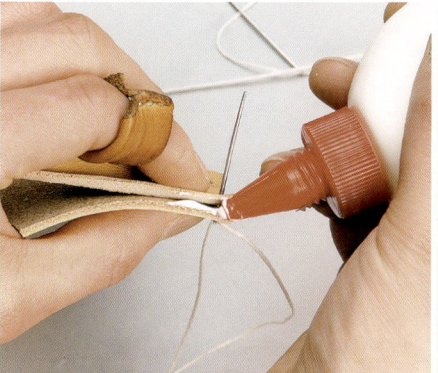

42 옆판을 홀더 달린 포켓에 바느질한다. 먼저 실을 한 땀 통과한 후 사이에 접착제를 바르고 가죽의 끝에 걸린 실 양 끝을 한 번 돌려준다.

43 접착제가 새어나오지 않도록 주의하며 바느질한다. 은면에 묻으면 즉시 천으로 닦아낸다. 끝까지 바느질 한 후 시작했을 때처럼 한 번 돌린 후 3땀 되돌아온다. 실 끝이 눈에 띄지 않도록 라이터로 지진다.

44 포켓 가죽과 옆판의 모서리가 다르므로 옆판을 구부려서 살짝 잘라낸다.

45 반대쪽을 바느질 한 다음은 작업이 어렵기 때문에 미리 단면을 다듬는다.

46 포켓쪽 단면도 이 시점에 다듬어두면 다음 작업이 편하다. 먼저 마감제를 바르고 슬리커 등으로 연마한다. 홀더가 두꺼운 편이므로 조금 큰 슬리커가 있으면 편하다.

포켓을 본판에 연결한다. 본판에 난 표시와 포켓을 맞춰서 바느질 직전에 접착제를 조금씩 발라가며 바느질 해 나간다. 바느질은 끝에서 조금 안쪽에서 시작한 후 끝을 향해 나가면 좋다.

47

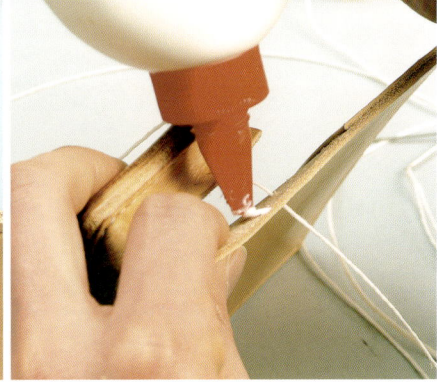

48 목타 위치가 정확히 맞으면 중앙 부분은 이런 모습이 나온다.

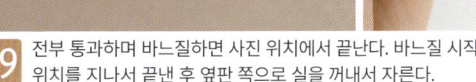

49 전부 통과하며 바느질하면 사진 위치에서 끝난다. 바느질 시작 위치를 지나서 끝낸 후 옆판 쪽으로 실을 꺼내서 자른다.

홀더가 붙은 포켓에 옆판을 붙였을 때와 같이 본판 쪽 모서리도 옆판에 맞춰 자르고 다듬는다.

50

51 사포와 슬리커로 단면에 광택을 낸다.

52 포켓의 옆판 형태를 바로 잡는 작업을 한다. 먼저 물을 묻힌다.

53 포켓 안쪽에 얇은 헤라를 넣어 옆판 중앙이나 바깥을 향해 부풀린다. 가죽이 습기로 부드러워져 있으므로 형태를 다듬을 수 있다. 작업이 끝나면 오른쪽 사진처럼 눌러서 형태를 잡는다.

■ 오일 바르기

54 마지막 작업으로 오일을 바른다. 타월에 오일을 적당량 묻히고 바른다. 마감제나 접착제가 묻어 있다면 오일이 안 발린다.

55 오일이 마른 후 깨끗한 수건으로 닦아주면 명함지갑이 완성된다.

SPECIAL THANKS

바이커용 소품을 중심으로 다양한 가죽 제품을 만드는 공방

인상적인 명함 지갑 제작 방법을 설명하신 작가는 이바라키 현의 가죽 공방 K의 공방장 마스다 씨입니다. 마스다 씨 자신이 할리 데이비슨의 소유자이기도 하여서, 제품 라인업은 롱 지갑, 메디슨 케이스 등 이른바 바이커t(라이더) 용 가죽 제품이 중심을 이룹니다. 물론 주문에 따라 일상적인 가방도 많이 제작하고 있습니다. 기본 제품 라인이 있으나 오더메이드 위주여서 주문을 받은 후 맞춤형으로 제작합니다.

가죽 공방 K는 가죽 제품의 제작, 판매 숍이지만 사용자가 제작에 관한 질문을 해도 친절히 응해 준다고합니다. 문턱이 낮고 특유의 아이디어가 담긴 제품이 많아 멀리서도 손님이 오는 곳이므로 관심있는 분들은 꼭 방문해 보라 권하고 싶은 숍입니다.

가죽 공방 K
이바라키 현 고가시 미도리 쵸 13-3
TEL 0280-32-3089
URL http://www.kawa.shop-site.jp

마스다 고지 씨

가죽 공방 K를 혼자서 운영하는 마스다 씨. 일반적인 제품에도 색다른 개성을 넣는 그의 아이디어에 경의를 표합니다. 무엇이든 상담 할 수 있는 친절한 사람이기도 합니다.

KOJI MASUDA

1 분위기 있는 가게 내에는 다양한 아이템이 전시되어 있습니다
2 제품 중 하나인 여성 장지갑 (31,500엔). 붉은 뱀피와 하트 마크가 포인트
3 담배 케이스. 앞으로 덮개를 올리면서 담배도 뺄 수 있는 아이디어 상품입니다. 디자인도 매우 개성적입니다
4 자전거 안장 가방입니다. 오리지날리티 넘치는 디자인입니다
5 주문품 나비 가방. 아이캐치 요소인 나비 액세서리는 물론, 가방 본체도 정교하고 매력적인 디자인입니다. 다양한 오더 제품이 소개되어 있는 홈페이지에 꼭 방문해봅시다.

MAKING TECHNIC 2   제작 해설②

포셰트 —숄더백—

덮개를 띠로 고정한 형태의 포셰트. 사용할수록 광택이 나는 생지 가죽으로 제작하였습니다.

강렬한 햇빛 아래에서 신나게 뛰노는 이미지의 포셰트

이 포셰트는 '엉덩이 백'이라는 닉네임을 갖고 있습니다. 이 가방을 제작해주신 '가죽공방 피오지이'의 마쓰하라씨가 애정을 담아 부르는 별칭으로, 목차의 사진을 보면 알 수 있습니다. '덮개를 열고 띠를 걷어내면 띠에 감추어진 부분이…'라는 것으로, 놀러가고 싶은 마음을 표현하고 있습니다. 이를 위해 뚜껑의 끝도 마치 엉덩이처럼, 덮개를 끼우는 띠는 팬티처럼 디자인했습니다. 재료로는 쓸수록 광택이 나는 생지 가죽을 선택했습니다. 생지 가죽을 골랐지만 까맣게 탄 건강한 소년을 이미지로 해서, 작은 상처가 나는 것은 신경 쓰지 않고 자유롭게 사용하는 가방입니다. 하지만 이 외형이 다가 아닙니다. 볼륨감 있는 입체 옆판과 본판과 띠에 강도를 더해주는 보강재의 사용 등 가죽가방에서 응용할 수 있는 기법이 풍부한 작품입니다. '엉덩이'가 민망한 분들은 띠나 덮개를 다른 형태로 변형하거나 소재를 응용해서 창작해 보세요.

옆판의 끝을 가방 안으로 감아넣고, 뒷판과 덮개 사이의 포켓을 달았습니다. 여행 기분도 내고 기능성도 더해서 일상적으로 사용할 수 있게 만든 포셰트입니다.

본판과 옆판을 직접 바느질하지 않고 간격을 두고 옆판을 달아 입체감을 연출. 초보자에게도 어렵지 않은 작업이고 공정을 한 땀 한 땀 따라가다 보면 누구나 만들 수 있습니다.

패 턴

포셰트 패턴. 표시한 수치는 공정에서 사용한 치수이지만, 선호에 따라 변형할 수 있습니다. 자유롭게 곡선을 변형해서 파츠를 재단하세요.

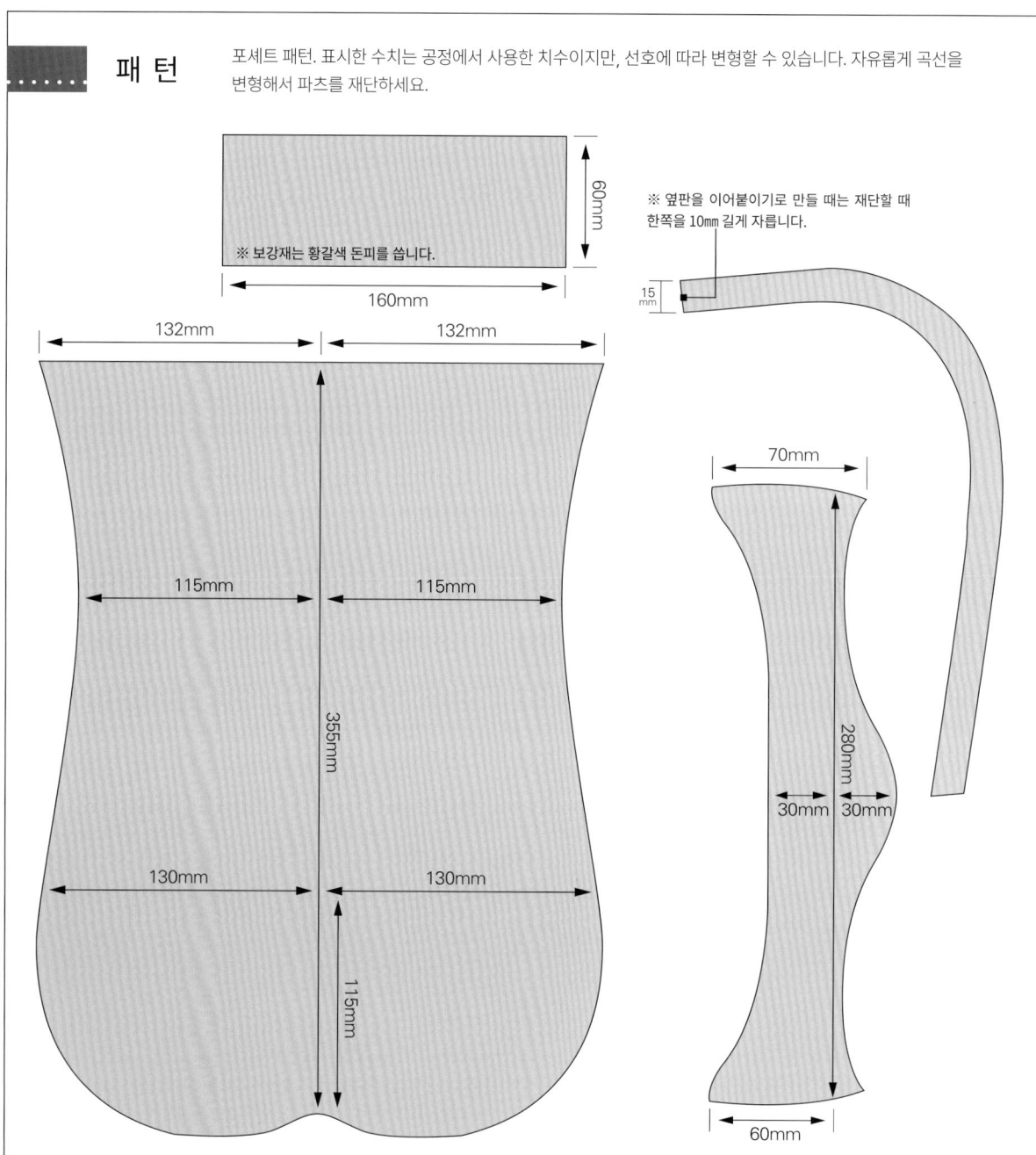

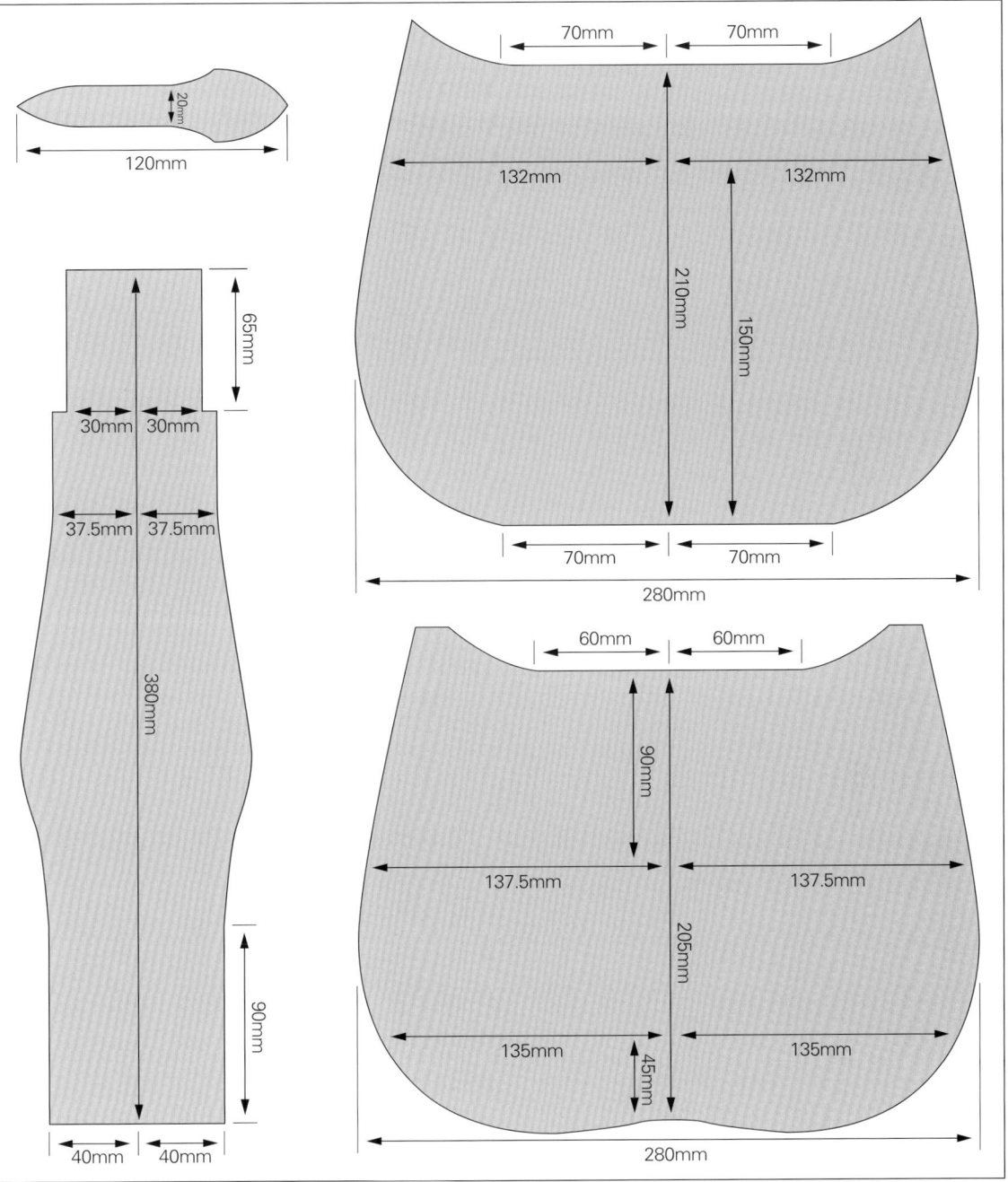

[역주] 옆판의 길이는 앞뒷판 옆선의 R값 에 따라 변동되고, 가죽 두께에 따라서도 차이가 많이 난다. 이 포셰트의 패턴은 자유곡선이 많이 들어 있어 책의 수치 그대로 패턴을 만들면 옆판 길이에 오차가 생길 수 있다. 이때는 옆선 길이를 실측하면 정확하다.
옆판 띠는 직선으로 잘라도 무방하다. 단, 되도록 얇게 피할해야 한다.

편리하게 패턴 만들기

파츠를 재단할 때 베이스가 되는 패턴은 치수를 정확하게 재서 두꺼운 종이에 제작했습니다. 파츠를 재단할 때는 도화지로도 충분하지만 여기서는 염화 비닐판으로 패턴을 제작하였습니다. 패턴 아래로 가죽이 보이기 때문에 표면에 난 상처를 피해 재단할 수 있습니다.
염화 비닐판으로 잘라낸 패턴. 패턴을 통해 가죽면이 투과되어 보이기 때문에 종이보다 재단이 편리합니다.

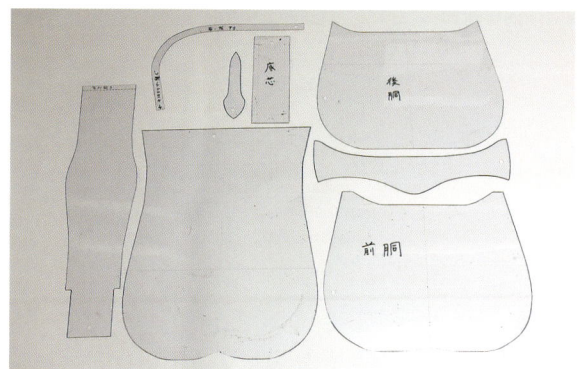

정확한 치수로 패턴을 만들고 신문광고지 등의 얇은 코팅 종이에 정확하게 트레이스 한다.

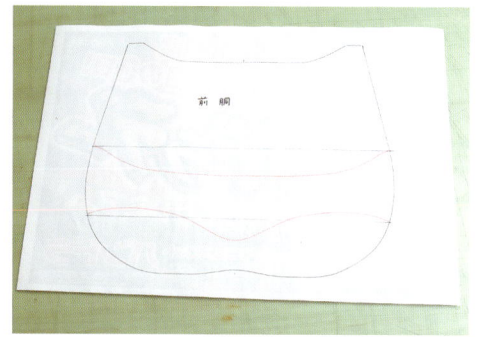

1 정확한 치수로 패턴을 만들고 신문광고지 등의 얇은 코팅 종이에 정확하게 트레이스 한다.

2 트레이스 한 아웃라인을 따라 가위로 잘라낸다.

3 잘라낸 패턴의 뒷면에 접착제를 바르고 패턴보다 조금 큰 비닐판에 붙인다.

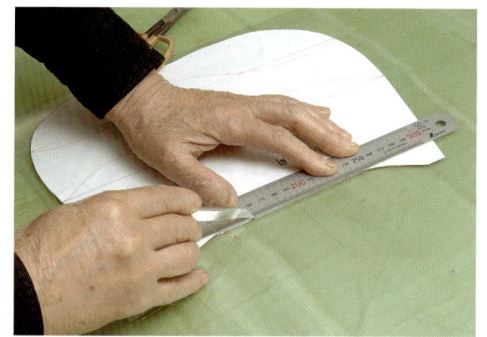

4 패턴 아웃라인에 맞춰 비닐판을 자른다. 직선은 쇠자와 커터로 정확하게 자른다.

포셰트 —숄더백—

MAKING TECHNIC 2 제작해설 ②

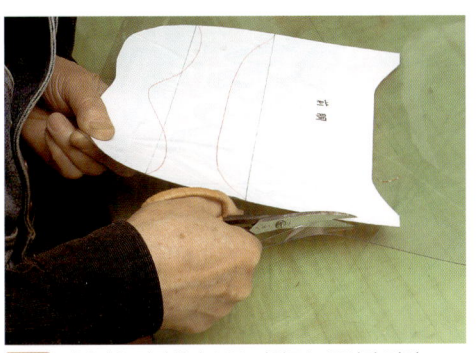

5 비닐판은 단단해서 보통 가위로는 곡선이 잘리지 않기 때문에 곡선 가위로 잘라낸다.

CHECK!

6 비닐판 테두리의 요철은 사포로 다듬는다. 곡면부는 둥글게 만 사포를 사용한다.

7 띠와 보강재를 달고 붙이는 위치는 원형 송곳으로 찔러서 표시한다.

8 코팅지의 패턴을 떼어 내고 앞서 표시한 보강재 붙이는 위치를 원형 송곳으로 다시 한번 표시해주면, 나중에라도 확인하기 쉽다.

완성

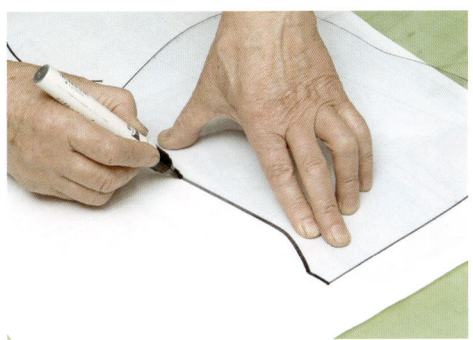

9 겹쳐진 위치를 잘 구별하기 위해 패턴의 테두리를 유성 매직으로 칠해준다.

완성된 염화 비닐판 패턴. 가죽 표면을 확인할 수 있고 종이보다 단단해서 가죽을 정확하게 재단할 수 있습니다.

111

기본 파츠 재단하기

앞서 제작한 비닐판 패턴을 기초로 포셰트의 기본이 되는 파츠를 재단합니다. 포셰트 앞면이 되는 파츠는 흠집을 피해가며 재단하고, 작은 흠집이 난 부분은 감춰지는 부분에 활용합니다. 이 포셰트는 곡선이 많기 때문에 구두칼로 자르는 편이 좋습니다. 곡선을 자르는 요령을 숙지해 둡시다.

POINT

패턴이 투명하기 때문에 파츠를 자를 때 가죽 표면의 작은 흠집이나 혈관 자국 등을 확인한 후 그 자리를 피해가며 패턴을 대면 깨끗한 파츠를 잘라낼 수 있다.

1 패턴을 가죽 위에 올려놓고 문진으로 누른 후, 원형 송곳으로 테두리를 긋는다.

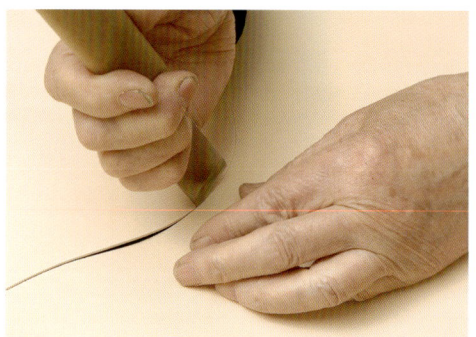

2 곡선 부분을 자를 때는 직선을 자를 때와는 반대로, 구두칼을 사진처럼 잡고 파츠 쪽을 향해 당기며 자른다.

3 곡선에서는 사진처럼 손가락을 칼끝에 대면 좋다. 칼끝이 흔들려서 재단면이 지저분하게 잘리는 것을 막아준다.

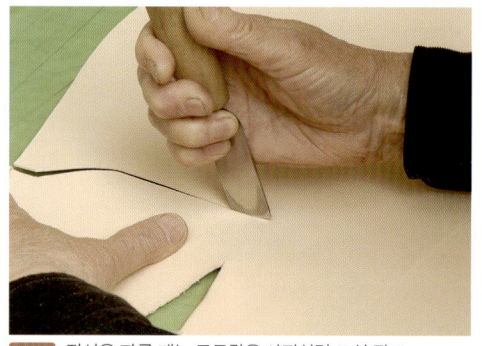

4 직선을 자를 때는 구두칼을 사진처럼 고쳐 잡고, 일반적으로 자르는 방법대로 자르면 된다.

포셰트 ―숄더백―

MAKING TECHNIC 2 제작해설 ②

5 모든 파츠의 재단이 완료되었다면, 은면을 깨끗하게 보호하기 위해 피혁용 수성 라커로 칠합니다. 재단선까지 라커가 배게 칠한 후 가볍게 문지릅니다.

CHECK!

6 탄닌이 붙어서 구두칼이 잘 안 들 경우 청봉 등 연마제를 발라 탄닌을 벗겨낸다.

재단한 기본 파츠

사진에 보이는 것들이 기본 파츠입니다. 포셰트 제작에 사용되는 파츠는 1.2㎜ 두께의 매끈한 생지 가죽 더블벗(약 160데시)에서 잘라냈습니다.

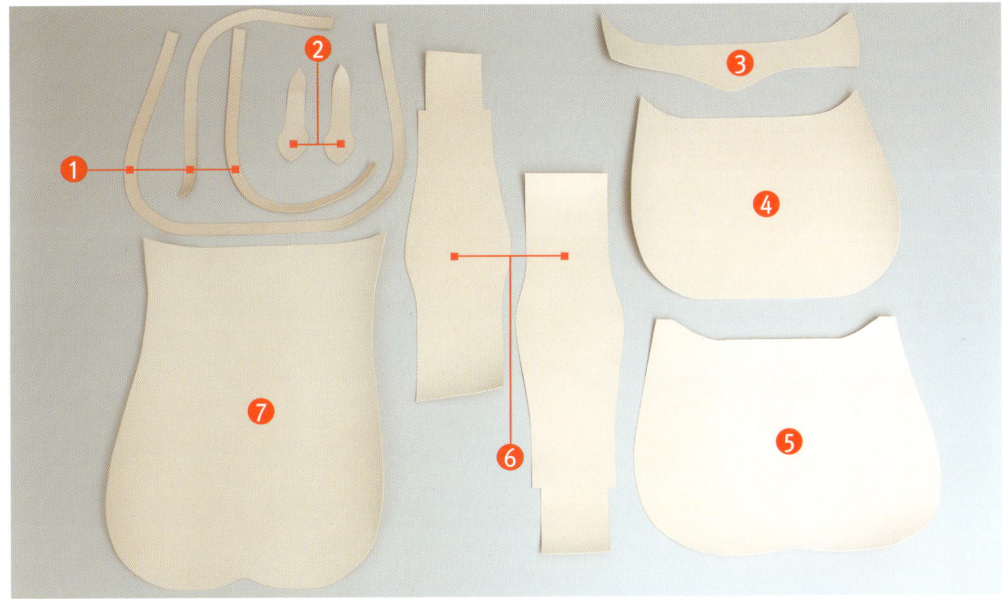

❶ 옆판 띠
옆판에 입체감을 주기 위해 본판과 옆판을 바로 바느질하지 않고 옆에 옆판 띠를 넣어서 합체합니다. 파츠를 자를 때 편의상 분할해서 재단한 후 나중에 합체하지만 P121의 공정을 보고 어렵다고 느껴지는 경우, 처음부터 패턴을 1개로 만드는 것도 좋습니다.

❷ 벨트 고리
벨트의 링을 고정하는 걸이

❸ 띠
앞판에 달아 덮개를 고정하는 파츠

❹ 뒷판
덮개와 연결하는 포셰트 뒷판

❺ 앞판
띠가 달리고, 덮개 안쪽에 위치

❻ 옆판
부드러운 곡선의 옆판

❼ 덮개
뒷판에서 시작해서 앞판을 덮은 후 띠로 고정

본판 주변 파츠 만들기

옆판을 제외한 본판 주변 파츠는 부분적으로 보강재를 넣어 겉감과 붙여서 포셰트 모양을 만듭니다. 보강재는 부분 부분 강도와 볼륨감을 주기 위해 넣는 파츠로 이번 공정에서는 황갈색 돈피를 사용하고, 안감으로는 소프트한 피콜로(0.4mm의 돈피)를 썼습니다. 보강재를 다루는 법은 다른 타입의 가죽가방을 제작할 때도 도움이 되므로 잘 익혀둡시다.

■ 띠 만들기

1 피콜로 내피에 띠 패턴을 대고 아웃라인을 볼펜으로 트레이스한다. 그리고 아웃라인보다 좀더 크게 잘라낸다.

2 재단한 피콜로 내피와 띠(파츠)의 내피에 흰 본드(또는 수용성 접착제)를 잘 펴발라서 양 방향을 맞춰 붙인다.

3 피콜로에 트레이스한 아웃라인에 맞춰 띠를 붙이고 은면이 더러워지지 않도록 피콜로 쪽에서 롤러로 압착한다.

4 흰 본드가 건조된 것을 확인하고 은면 쪽 표면을 위로 놓고 아웃라인에 맞춰 피콜로를 잘라낸다.

■ 뒷판과 앞판 만들기

5 뒷판의 포켓 입구에 들어갈 보강재를 만들기 위해 패턴을 황갈색 돈피의 내피면에 대고 트레이스 한다.

6 뒷판(파츠)의 바닥면에 패턴을 대고 보강재 위치(직선)를 양쪽에 표시한다. 그리고 자를 대고 표시한 후 볼펜으로 선을 긋는다.

7 황갈색 돈피를 재단한다. 기준선이 되는 직선부는 정확하게 재단하고, 나머지 3변은 더 크게 자른다.

8 황갈색 돈피와 뒷판의 바닥에 흰 본드를 바른다. 앞에 그은 직선이 경계가 되므로 뒷판은 직선 위쪽만 바르면 된다.

9 그어놓은 직선에 딱 맞추어서 황갈색 돈피와 뒷판을 붙인다. 접착한 후에는 은면이 오염되지 않도록 돈피 쪽에서 압착한다.

10 흰 본드가 건조된 것을 확인한 후 은면쪽을 위로 놓고 뒷판에서 비어져 나온 돈피를 잘라낸다.

CHECK!

11 피콜로와 잘 붙게 하기 위해 보강 돈피 은면을 사포로 문지른다.

12 띠와 함께 안감을 붙이기 위해서 뒷판의 패턴보다 넓게 피콜로를 재단한다.

13 재단한 피콜로와 뒷판의 내피에 흰 본드를 바른다. 본드는 골고루 얇게 펴 발라야 한다.

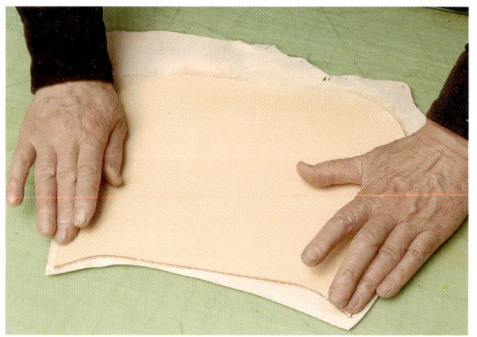

14 피콜로에 대고 그린 아웃라인에 뒷판의 내피를 딱 맞춘다.

15 붙이는 면적이 넓으므로 공기를 눌러서 빼듯이 중심부터 바깥을 향해 롤러로 민다.

16 뒷판의 은면이 위로 가게 놓은 후 아웃라인에서 빠져 나온 피콜로를 정확히 재단한다.

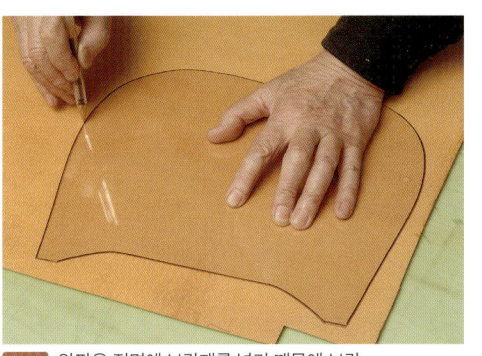

17 앞판은 전면에 보강재를 넣기 때문에 보강 가죽에 패턴을 대고 전체 아웃라인을 그린다.

18 황갈색 돈피를 재단해서 앞판에 붙이고 뒤는 같은 순서대로 안감이 되는 피콜로를 붙인다.

■ 덮개 만들기

19 덮개에는 띠를 달 부분에 보강재를 붙인다. 순서는 뒷판에 보강재를 댈 때와 동일

20 뒷판에 바느질할 황갈색 돈피(내부 포켓이 된다)를 붙이기 위해 상단 10mm 정도 피한다.

21 뒷판 패턴을 기본으로 황갈색 돈피를 재단하고, 은면에는 덮개를 달 때 맞출 표시선을 긋는다.

22 표시선 위쪽이 접착면이 되기 때문에 사포로 긁는다. 그리고 흰 본드로 덮개에 붙인다.

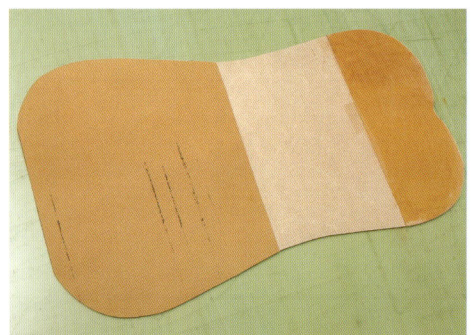
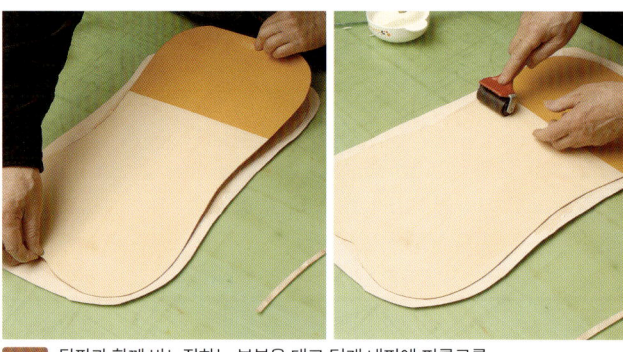

23 보강재를 붙인 덮개. 사진 왼쪽은 뒷판과 연결부분. 오른쪽 띠는 대 부분이다.

24 뒷판과 함께 바느질하는 부분을 대고 덮개 내피에 피콜로를 붙인다. 붙이는 면적이 넓은데, 순서는 앞판과 동일

안감과 보강재를 붙인 상태

보강재를 붙이고 겉감과 안감을 맞붙인 상태의 파츠 붉은 부분에 보강재를 넣고, 푸른 부분에는 뒷판과 맞춘 갈색 돈피를 붙였습니다.

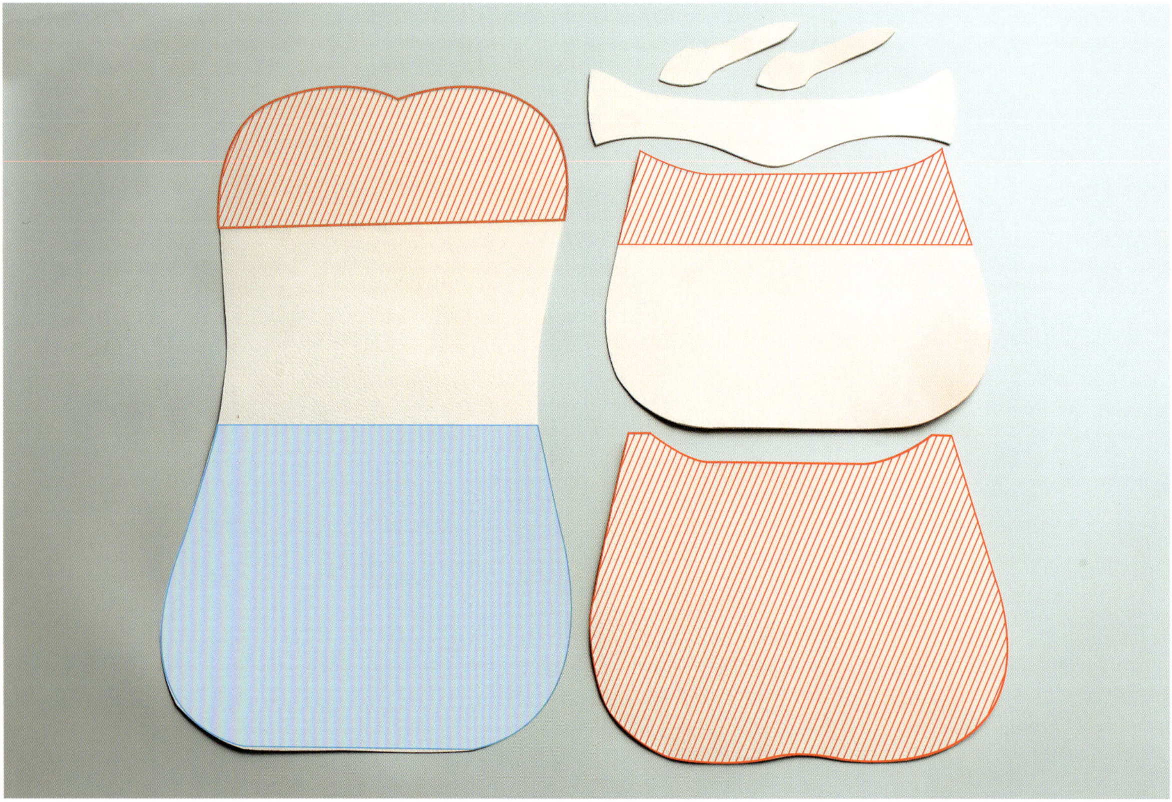

본판 주변 파츠 마무리

본판 주변 파츠의 보강재와 안감을 다 붙인 후에는 목타, 바느질, 단면 마감 순서로 마무리합니다. 옆판과 함께 바느질하는 부분을 제외한 테두리는 모두 장식용 바느질을 합니다. 장식용 바느질은 말 그대로 장식을 위한 바느질로, 꼭 필요한 공정은 아니므로 생략해도 됩니다. 대신 접착한 단면이 벌어지지 않도록 접착 시 단단히 붙여야 합니다.

1 P118의 큰 사진 안에서 붉은 선이 그어진 부분의 단면을 마감한다. 곡선부는 라운드한 사포로 다듬고 토코놀로 연마한다.

2 단면 마감을 한 상태. 이 다음 장식용 바느질을 하는데, 선호에 따라 이대로 놔둬도 된다.

3 P118 사진 왼쪽의 붉은/푸른 선을 따라 사용하는 16/3 리넨실에 맞추어 3mm 바느질 선을 긋는다.

4 바느질 선에 따라 목타를 친다. 곡선부는 균등하게 뚫기 위해 2날 목타를 쓴다.

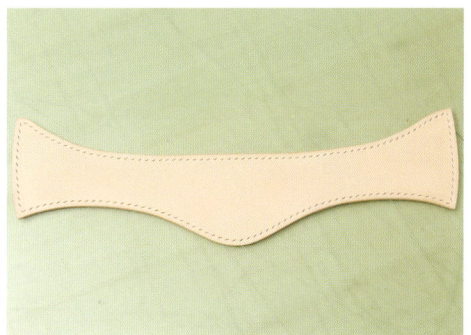

5 목타 구멍을 다 뚫은 상태의 띠. 앞판에 바느질하고 좌우 목타는 남긴 채, 아래위를 바느질한다.

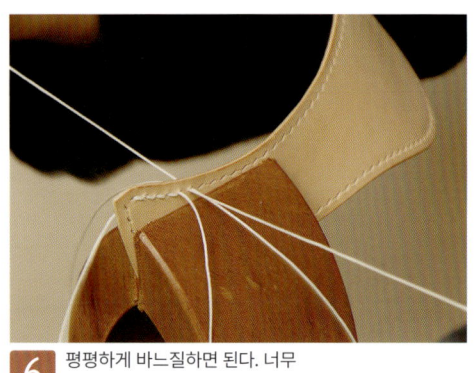

6 평평하게 바느질하면 된다. 너무 세게 메지 않도록 주의

CHECK!

7 덮개의 장식용 바느질 제일 끝(사진 안쪽에 보이는 바느질 선)은 뒷판을 연결해서 확인한다.

옆판과 연결되는 파츠

장식 바느질을 마친 본판 주변 파츠. 붉은 선이 장식용 바느질과 단면 마감할 부분. 푸른 선이 옆판과 접합해서 바느질할 부분입니다.

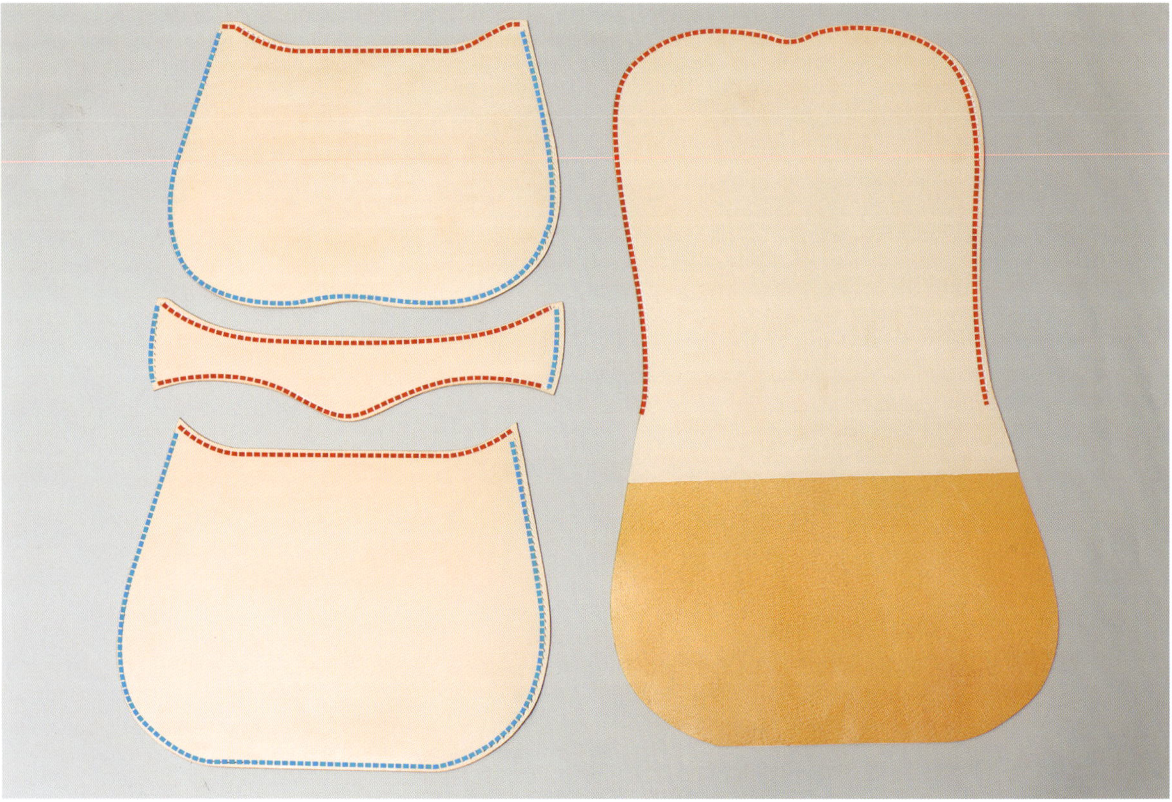

옆판 만들기

본판 주변 파츠를 모두 마무리한 다음에는 옆판을 만들 차례입니다. 앞서 소개한 패턴 그대로 파츠를 재단했다면 옆판 띠 연결을 해야 하기 때문에 연결 부위를 부분 피할 해야 합니다. 부분 피할이 어렵거나 자신 없다면 재단할 때 옆판을 두 개로 나누지 말고 처음부터 1개의 긴 띠로 재단합시다.

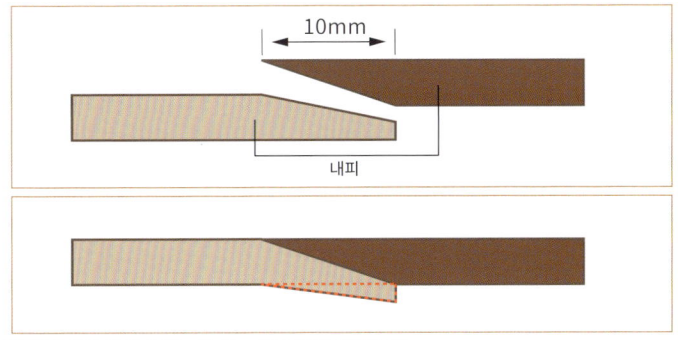

1 옆판 띠 접속부는 폭 10mm 만큼 부분 피할한 후 접착제로 연결해서 1개 파츠로 만든다.

2 사선 피할해서 옆판 끝(짧은 쪽)을 확인하고 한쪽은 은면, 다른 쪽은 내피에 10mm 폭으로 피할한다(사진 참조).

3 옆판 띠의 피할한 면에 흰 본드를 바르고 접합한 후 잘 말린다.

CHECK!

4 은면 쪽 두께를 남기고 피할하면 붙인 뒤 내피 쪽에서 피할할 수 있다.

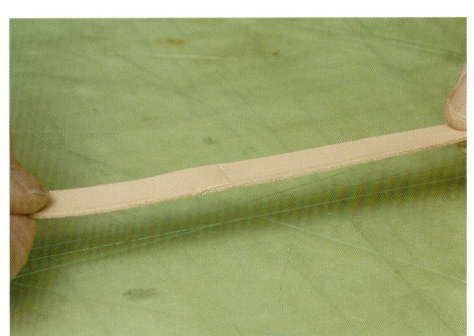

5 정확하게 피할하고 이어붙이면 언뜻 보면 연결 부위를 알 수 없을 정도로 1개 파츠처럼 보인다.

■ 옆판 잇기

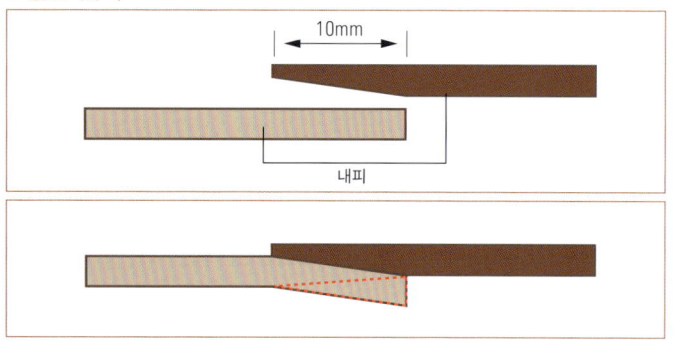

6 옆판 띠를 연결할 때와는 다르게 한쪽만 10mm 폭으로 피할하고 다른 한쪽의 옆판과 이어붙인 후 내피 쪽 두께를 깎아낸다.

7 한쪽 옆판의 내피 접촉부를 10mm 정도 구두칼로 피할한다. 두께는 0.6mm 내외

CHECK!

8 피할한 부분을 다른 옆판과 연결하는데, 붙이기 전에 단면을 다듬는다.

9 다른 쪽 옆판의 은면, 접착부 폭 10mm를 사포로 긁어서 거칠게 만든다.

10 피할한 옆판 접착면을 정확히 알 수 있도록 내피에 10mm 폭 선을 긋는다. 그리고 이어서 접착면에 흰 본드를 바른다.

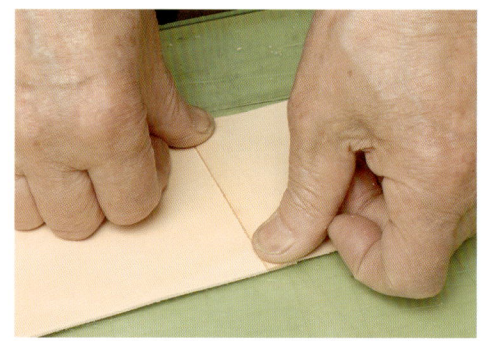

11 접착면을 이어붙이고 손가락을 잘 눌러준다. 그 다음 내피를 피할하기 때문에 잘 말려준다.

포셰트 —숄더백—

MAKING TECHNIC 2 제작해설 ②

POINT

피할하지 않은 쪽 옆판의 내피가 솟아올라 있으므로, 이것을 구두칼로 가볍게 깎아내고 이은 면이 평평해지게 사포로 간다.

12 연결 부분 테두리 단차를 이용해서 끝 약 10mm 정도를 남기고 3mm 바느질 선을 긋는다.

13 바느질 선을 2등분해서 중심에 원형 송곳으로 선을 긋고 목타 기준선으로 삼는다.

14 자국 중심에서 양 끝으로 사선 목타를 친다. 양끝을 10mm 정도 남기고 중심에서부터 균등하게 목타수를 맞춘다.

15 목타 구멍을 뚫은 상태. 여기서 중심에서 8개씩 15개를 뚫는다.

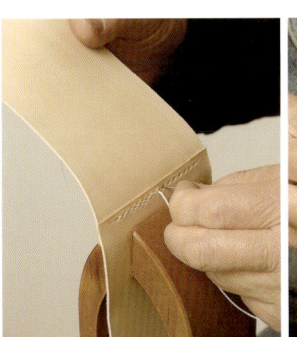

16 16/3 리넨실을 3배 길이로 잘라서 바느질 한다. 옆판은 긴 파츠이므로 좌우로 나눠가며 바느질한다.

123

17 끝은 내피 쪽에서 간단히 묶어서 처리한다. 안감을 붙이기 때문에 보이지 않는다.

18 연결이 끝난 옆판. 밖에서 보이는 부분은 정확하게 처리하고 강도도 충분히 단단하게 한다.

■ 옆판 띠 바느질하기

옆판과 옆판 띠 연결 방법 도면. 붉은 선과 푸른 선을 접합하고, 완전히 건조된 후 바느질해서 조립한다.

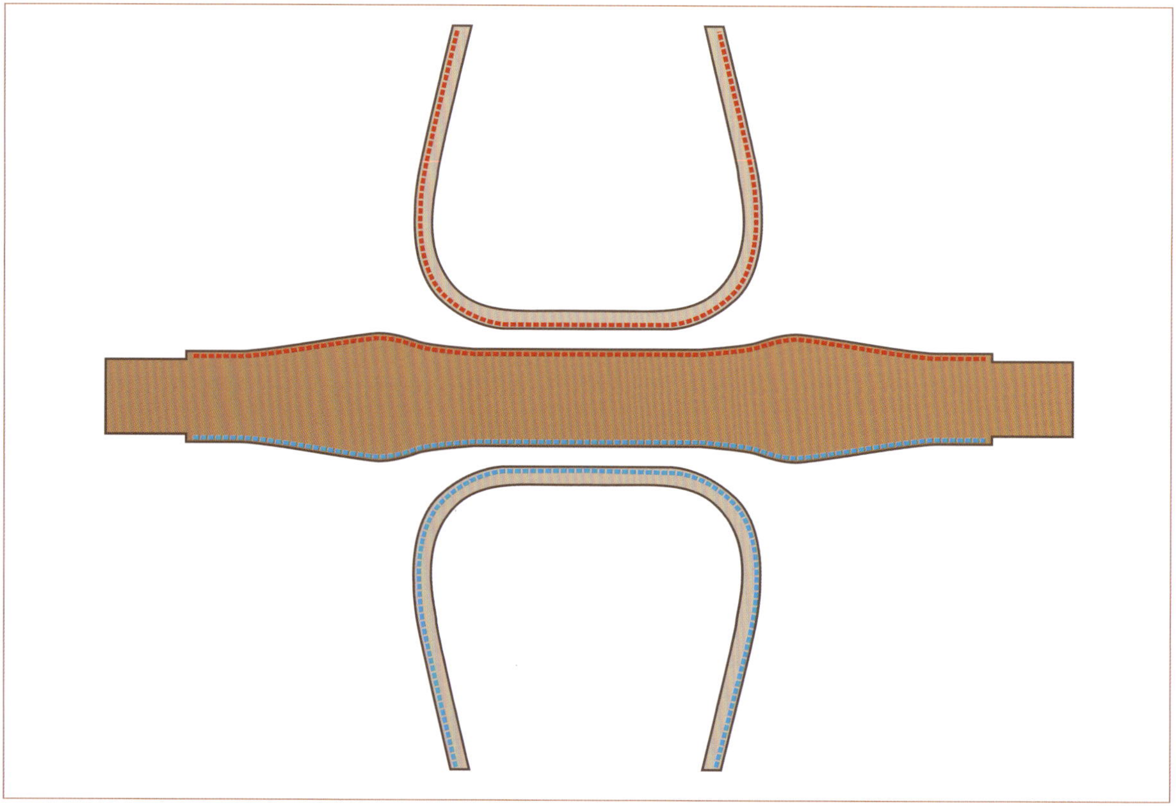

포셰트 —숄더백—

MAKING TECHNIC 2 제작해설 ②

19 옆판 띠의 중심을 확인하기 위해서 그 끝을 맞춰서 반 접은 후 원형 송곳으로 표시한다.

20 옆판 띠의 은면을 붙이기 위해 앞에서 해설한 바느질부위를 약 3㎜ 폭으로 사포질한다.

POINT
책상 위에 사진처럼 파츠를 올리고 사포를 쥔 손 끝을 책상에 대면 필요 이상으로 깎는 실수를 막을 수 있다.

21 처음은 옆판 바닥에 표시한 중심부터 붙인다. 먼저 거칠게 깎은 은면에 흰 본드를 바른다.

22 옆판 띠와 중심을 정확하게 붙이고 그 주변은 클립으로 집는다. 옆판 중심은 바느질 라인이 된다.

CHECK!

23 중심 쪽을 붙이고 끝을 향해 조금씩 옆판 띠를 붙여 나간다.

125

24 옆면은 입체이므로 조금씩 구부려가며 붙인다.

25 옆판 띠를 전부 붙인 후 시접 부분의 옆판 띠를 잘라낸다.

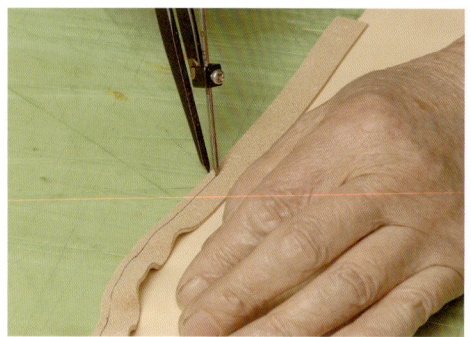

26 옆판 띠를 바느질하기 위해 측면에서 3mm 위치에 바느질 선을 긋는다.

27 바느질 선을 따라 목타를 친다. 곡선이 큰 반원이 되기 때문에 2날 목타로 간격을 정확하게 친다.

28 목타를 따라 옆판과 옆판 띠를 함께 꿰맨다. 뒤집어야 하기 때문에 바느질 땀은 평행 바느질을 한다.

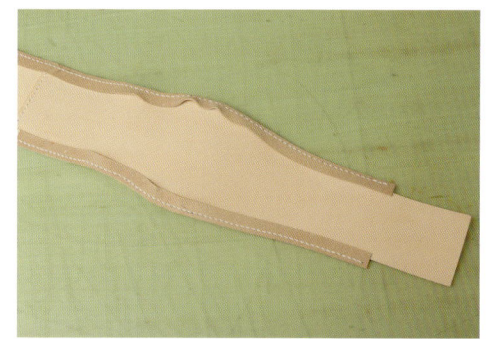

29 옆판 띠를 바느질한 상태. 옆판 띠 안쪽의 넓어지는 부분은 이후 공정에서 본판과 함께 바느질한다.

포세트 —숄더백—

MAKING TECHNIC 2 제작해설 ②

● 벨트 고리와 벨트 달기

30 벨트를 달 부분은 D링과 버클을 사용한다. 벨트와 맞추어 선호대로 준비한다.

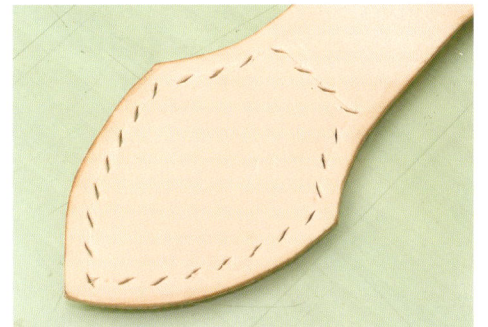

31 고리의 가죽은 안감만 맞춤뗘서 테두리를 다듬고 3mm 목타를 친다.

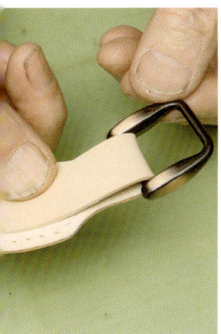 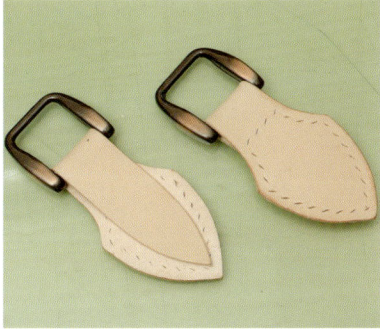

32 D링을 통과하고 끝에서 3mm 정도 흰 본드를 바른 다음 목타 안쪽에 붙인다.

POINT 옆판과 붙인 뒤 고리가 너무 뚱뚱해보이지 않도록 맞붙인 쪽 끝은 살짝 피할한다.

33 옆판 내피, 시접 중심부 8.5cm 위치에 모모를 달 위치를 표시한다.

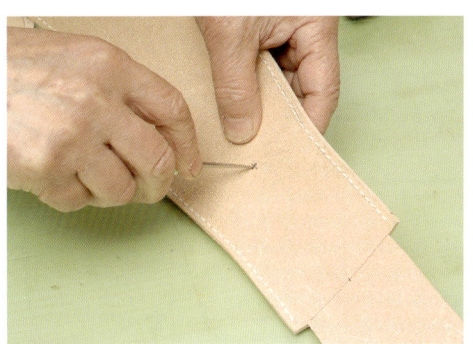

34 원형 송곳으로 위치를 표시한다. 위치 확인을 할 수 있을 정도로 가볍게 눌러주면 된다.

127

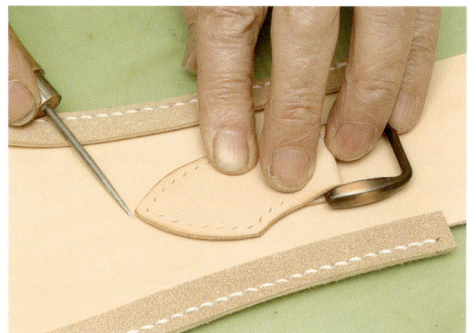

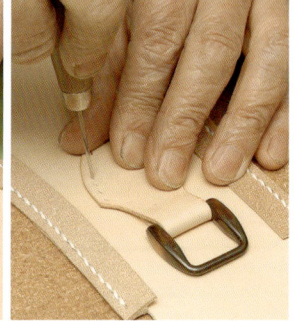

35 고리를 다는 위치를 확인하고 옆판 중앙에 붙인다.

36 고리 뒤, 목타 구멍보다 안쪽에 흰 본드를 바르고 접착한다. 목타 자국을 따라 마름 송곳으로 옆판을 관통하며 구멍을 낸다.

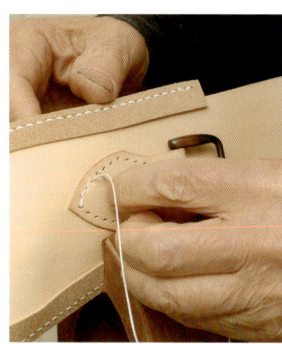

37 끝부터 바느질한다. 바느질이 끝난 후 실 마감 처리는 내피 쪽에서 묶어주면 된다.

38 고리를 단 상태. 옆판의 양 끝에 모모를 단 후 안감을 붙인다.

■ 안감 붙이기

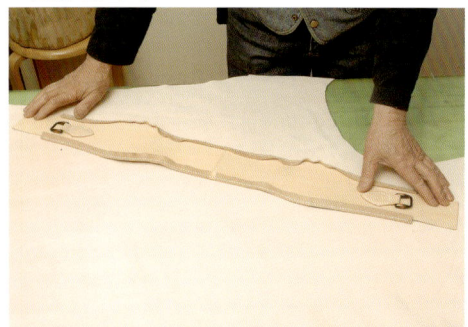

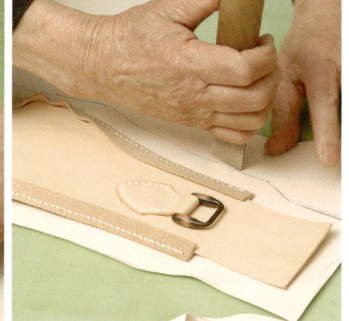

39 옆판 안감도 본판 안감과 동일하게 피콜로를 쓴다. 먼저 피콜로 내피 위에 옆판을 올린다.

40 내피는 튀어나온 옆판과 바느질 선까지 접기 때문에 옆판 아웃라인보다 2.5cm 정도 크게 재단선을 긋고 구두칼로 자른다.

41 옆판 바닥(좁은 부분)에 보강재를 붙인다. 옆판 내피에 아웃라인을 긋고 보강재와 내피에 흰 본드를 바른다.

42 보강재를 아웃라인에 맞춰 붙인다. 재료는 본판 보강재와 동일한 돈피를 사용한다.

  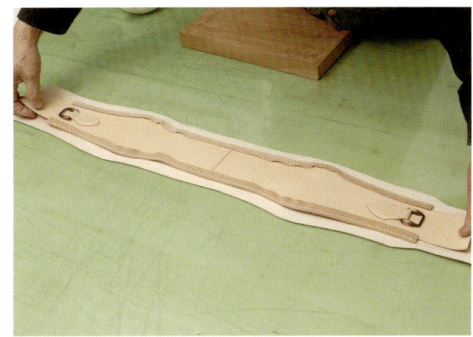

43 재단하고 피콜로와 옆판 내피에 흰 본드를 바른다. 피콜로 쪽이 크기 때문에 2.5cm 안쪽을 바르면 된다.

44 옆판과 피콜로를 붙이고 피콜로쪽에서 압착한다.

  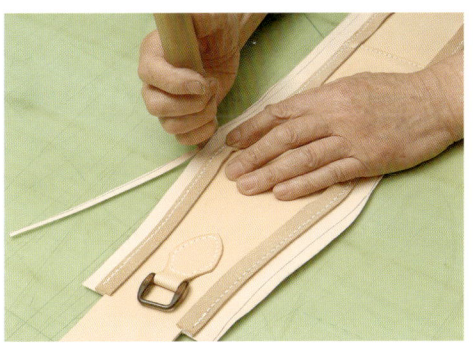

45 튀어나온 옆판에 맞붙일 부분을 남기고 피콜로를 잘라내기 위해 1.2cm 폭으로 선을 긋는다.

46 라인에 맞춰 피콜로를 잘라 내면서 시접 범위를 잡는다.

47 안감(피콜로)을 옆판 띠에 씌우듯 접기 위해 양쪽에 흰 본드를 바른다.

48 안감을 옆판 띠에 씌우듯 끝에서부터 접고 확실히 압착한다.

49 옆판 곡선부는 헐렁하기 때문에 조금씩 겹치듯 구부리며 붙인다.

완성된 옆판

안감을 붙이면 옆판 완성. 옆판 띠는 바느질하는 시점에 자연스러운 곡선이 만들어지므로, 아래와 같은 형태로 바느질해서 완성한다.

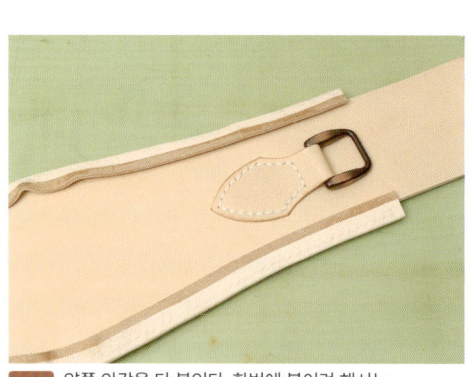

50 양쪽 안감을 다 붙인다. 한번에 붙이려 해서는 안 되고 조금씩 작업하는 것이 중요

본판과 옆판을 바느질하기

본판 주변 파츠와 옆판이 완성되면 이제는 둘을 조립하고 바느질해서 완성할 차례입니다. 본판은 앞판부터 바느질하는데, 이때 미리 앞판을 옆판 띠에 붙이고 바느질 구멍을 뚫어가며 바느질합니다. 앞판에 연결해서 뒷판을 바느질할 때는 미리 뒷판과 덮개 주변을 붙여놓고 그 다음 덮개와 옆판 띠를 접착하면서 앞판과 함께 바느질합니다.

■ 앞판을 바느질하기

1 옆판 띠와 앞판을 잇기 위해 먼저 꺾은 옆판 띠를 마무리하고 평평하게 만든다.

2 앞판과 내피의 목타 친 바깥쪽을 붙이고 사포로 긁어낸다.

3 앞판의 깎아낸 면과 튀어나온 옆판의 내피(안감을 씌우지 않은 면을 중심으로)에 흰 본드를 바르고 양쪽 끝에서 붙여나간다.

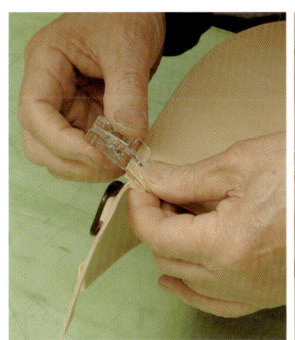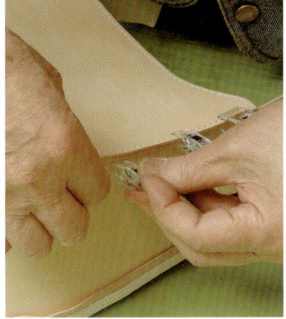

4 흰 본드는 끝의 좁은 범위만 바르고 붙인다. 어느 정도 건조되면 클립으로 고정

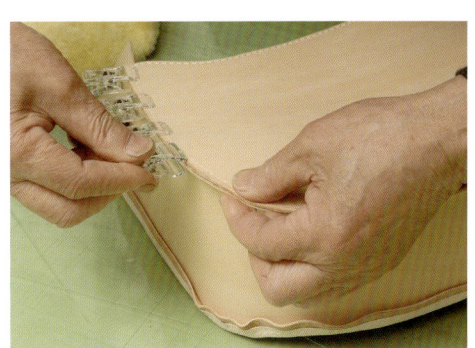

5 조금씩 접착면을 넓혀간다. 모서리 부분은 튀어나온 옆판을 당겨내듯 형태를 만들며 붙인다.

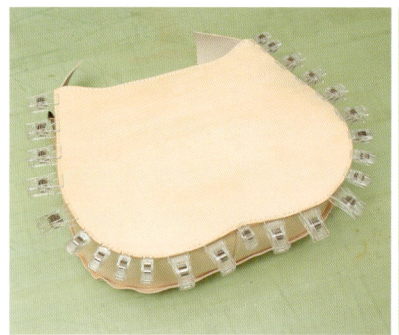 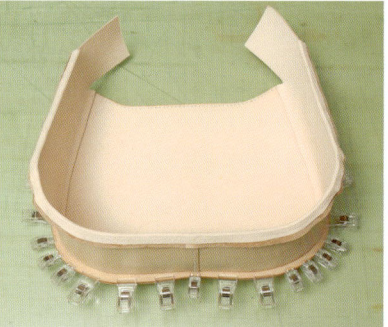 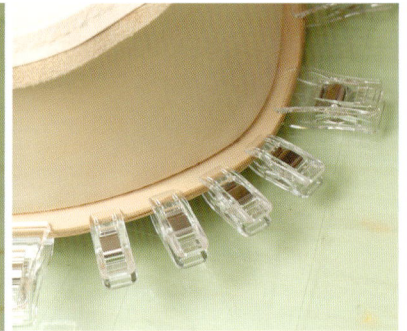

6 양 끝은 물론, 모서리와 바닥까지 빈틈없이 붙인다. 테두리를 나란히 만드는 것에 집중하면서 튀어나온 옆판은 당기고 클립으로 고정한다. 수용성 흰 본드는 뗐다 붙였다 하기 쉽기 때문에 형태를 수정하기 편하다.

7 도중에 흰 본드가 삐져 나오면 물묻힌 수건으로 바로 닦아낸다.

8 목타 자국을 따라 마름 송곳으로 관통한다. 단면으로 빠져 나오지 않게 주의

CHECK!

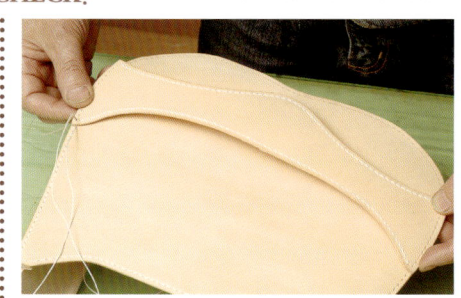

9 바느질 시작 부분은 두 땀 돌아와서 강도를 높이고 반대쪽 끝까지 바느질한다.

10 어느 정도까지 바느질했으면 앞판 패턴을 참고해서 띠를 달 위치를 표시한다.

포셰트 —숄더백—

MAKING TECHNIC 2 제작해설 ②

앞판을 바느질 한 상태

중간에 띠를 조립하는 작업이 있습니다만, 앞판 접착과 바느질 구멍만 정확하다면 이 작업은 어렵지 않습니다.

11 띠를 다는 방법은 단순하다. 본체를 바느질 할 때 같이 바느질하면서 합체한다.

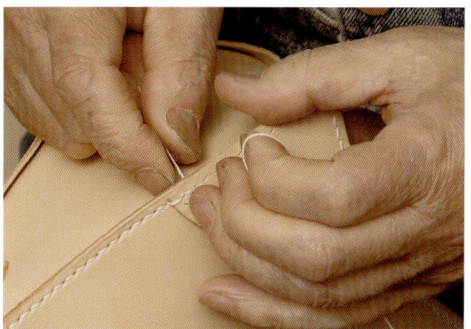

12 덮개를 넣고 빼더라도 견딜 수 있게끔 띠는 양 끝을 두 땀 겹쳐서 바느질해서 강도를 높인다.

▪뒷판과 덮개를 바느질하기
CHECK!

13 덮개의 황갈색 돈피와 장식 바느질 사이가 두꺼우므로 살짝 피한다.

14 덮개 뒷판 접착면(황갈색 돈피)이 은면이므로 접착제를 바르는 폭 5mm 만큼을 사포로 긁는다.

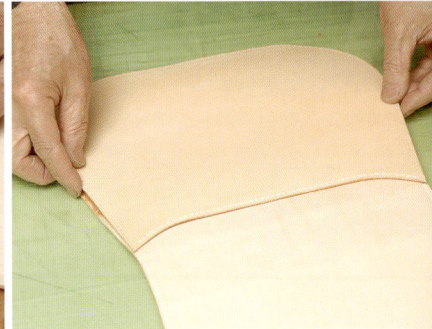

15 피할한 부분과 긁어서 거칠게 만든 부분에 흰 본드를 바른다.

16 뒷면의 안감에 난 목타보다 바깥쪽(장식용 바느질 선)에 흰 본드를 바르고 덮개를 붙인다(※ 뒷판 전면을 붙이면 포켓이 울기 때문에 주의)

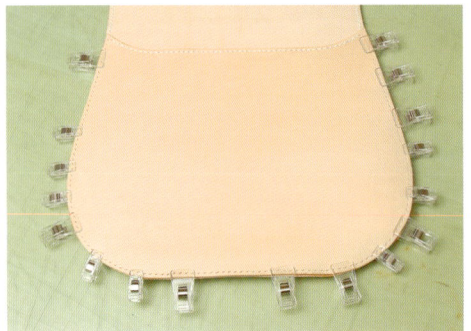
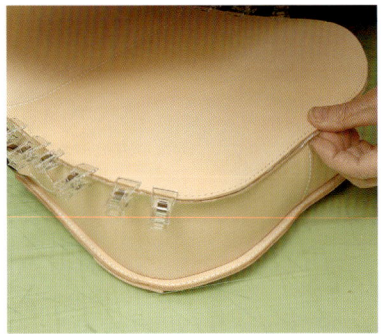

17 붙인 부분을 클립으로 고정하고 완전히 마를 때까지 기다린다.

18 뒷판을 붙일 때와 동일한 순서대로, 덮개를 붙인 뒷판과 옆판 띠를 접착. 클립으로 고정하고 완전히 건조될 때까지 기다린다.

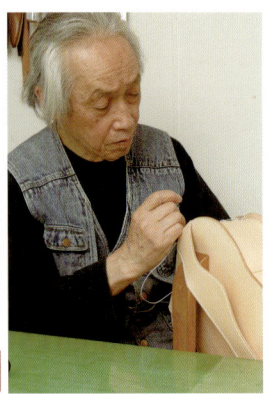
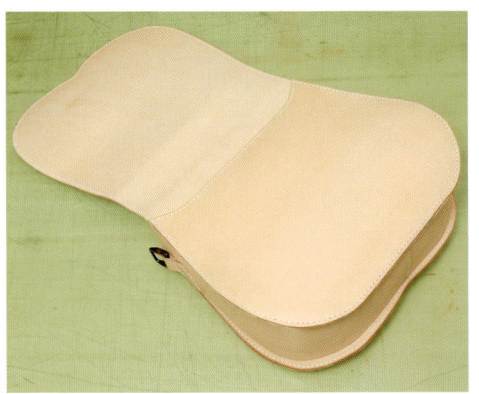

19 건조된 후에는 뒷판의 목타 자국을 따라 마름송곳으로 구멍을 뚫고 바느질한다. 끝 부분은 두 땀 돌아온다. 가죽이 두꺼우므로 구멍을 뚫을 때는 힘이 좀 필요하다.

20 뒷판을 완전히 바느질한 상태. 바느질 범위가 길지만 단순하게 바느질만 하면 된다.

마무리

앞뒷판을 조립하고 옆판과 붙여서 본체가 완성된 다음에는 마지막 마무리입니다. 포셰트의 완성도를 좌우하는 단면 마감은 옆판 띠의 단면이 두꺼우므로 잘 다듬으면 나무 단면처럼 아름답게 결이 생깁니다. 어깨에 거는 띠는 어렵지 않으므로 취향에 맞추어 자유롭게 제작합시다.

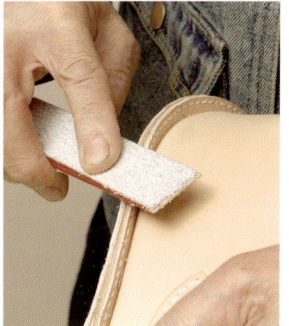

1 본판과 옆판 띠를 맞붙인 단면을 보고 요철이 있는 부분을 구두칼로 깎아낸다. 그리고 단면 전체를 사포로 평평하게 민다.

2 토코놀을 바르고 깨끗한 천으로 닦아 광을 낸다. 만족할 때까지 반복한다.

3 옆판 접는 부분의 모서리가 서 있으므로 이것을 구두칼로 자른다. 이 부분의 단면도 다듬어서 깔끔하게 마무리한다.

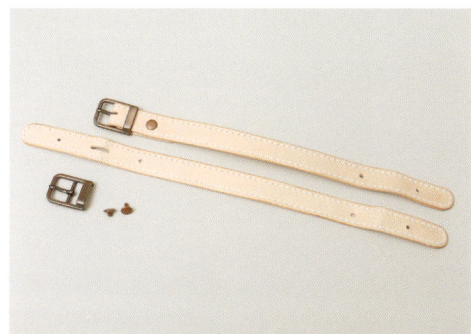

4 본판과 동일한 재료를 사용해서 사진과 같이 어깨끈을 준비한다.

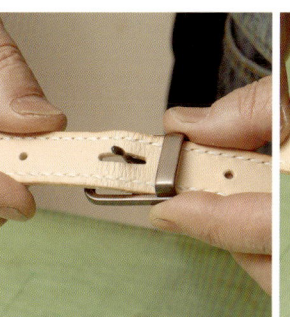

5 벨트를 연결하고 버클을 채운다(어깨끈은 버클 넓이에 맞게 제작한다)

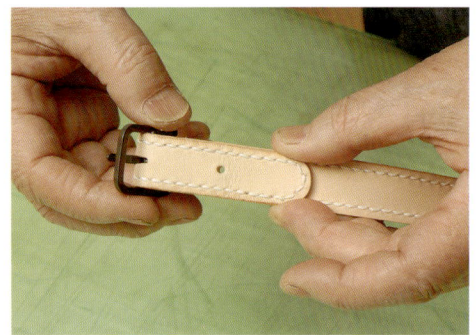
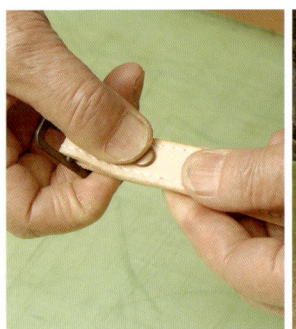

6 버클에 통과한 벨트 끝을 접어서 원하는 위치에 링도트를 단다.

7 쇠판에 대고 링도트를 박아 고정하면 한쪽 벨트가 완성된다

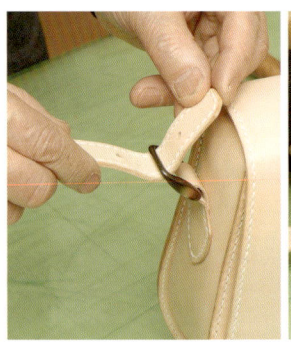

8 완성한 벨트를 옆판에 달린 D링에 통과하고 접어서 링도트를 박는다.

9 여기까지 어깨끈의 한쪽 벨트가 완성되었다. 다음은 반대쪽 벨트를 달 차례

10 반대쪽 벨트도 단 다음 동일한 방식으로 고정한다.

11 좌우에 벨트를 단 어깨끈이 완성되었다(벨트의 폭과 길이는 원하는 대로 변형할 수 있고, 버클용 구멍도 뚫는다). 포셰트 제작공정은 이것으로 끝

SPECIAL THANKS

| 가죽 공방 피오지이
도쿄도 아라시가와구 히가시닛포리 3-5-2
TEL 03-3866-3226
URL http://www1.tcn-catv.ne.jp/pio-g/

전통 기술을 후대에 전하면서
창작 활동도 정력적으로 전개

유머러스한 포셰트의 제작을 담당한 작가는 일본 가죽공예회의 이사 마쓰바라 미츠오씨입니다. 마쓰바라씨는 전통 가죽공예의 대가인 고(故) 야자와 도시카쓰씨를 사사하고 봉제, 염색, 세공 등 다양한 기술을 습득. 현재는 자택 겸 공방에서 많은 제자에 그 기술을 전달하고 있습니다. 또한 가죽 및 피혁 수공 연기 재료를 폭넓게 취급하는 교신 엘르의 학원에서 강사를 지내며 수많은 학생들에 사랑 받고 있습니다. 본인이 "저의 특기 분야는 가방보다는 세공물입니다."라고 말씀하실 정도로 전통 기술을 사용하여 만들어진 작품의 성과는 놀랍지만 이번에 제작하신 포셰트도 훌륭한 작품입니다.

마쓰바라 미쓰오 씨
일본 가죽 공예회 이사. 전통 가죽 공예의 대가인 고 야자와 도시카쓰씨를 사사하고 가죽 소품, 세공물을 중심으로 수업한다. 전통적인 기술을 후세로 전하고자 열정적으로 교육 및 창작에 힘쓴다. 구두칼과 사선 목타, 숫돌 등에 관한 조예도 깊다.

MITSUO MATSUBARA

1 시라카와촌에 있는 갓쇼쓰쿠리* 고택을 재현한 작품입니다. 툇마루의 돌담부터 흙, 그리고 박력 있는 초가 지붕까지 그 모든 것은 교묘한 세공으로 만들어진 가죽에서 형성되고 있습니다.

2 건물 꼭대기에서 구슬을 굴리면 구슬이 데굴데굴 굴러가며 가운데 탑을 경유해서 마지막에는 백조의 등으로 쏙 들어가는 구조로 만들어진 미니어처. 마쓰하라씨 특유의 작품 장르 중 하나로 공예전에서 아이들의 인기를 한 몸에 받는 작품입니다.

3 벽돌 같은 외벽에서 지붕, 그리고 깐 돌 층계까지 진중한 분위기가 풍기는 작품은 "아베 마리아"가 흐르는 오르골 상자입니다. 한개 한개의 파츠가 모두 모두 초목 염색 등의 수법으로 염색했기 때문에 도쿄도 지사상을 받은 명작입니다.

[역주] 눈이 쌓이지 않도록 급격한 경사로 설계된 지붕

MAKING TECHNIC 3   제작 해설③
서류가방

남성용 비즈니스백으로 대표되는 서류가방. 정성을 들이면 이런 가방도 어렵지 않게 만들 수 있습니다.

파이핑을 사용해서 고급스러움 연출하기

앞선 작품들보다 상당히 묵직한 느낌을 주는 가방입니다. 완성된 모습만으로도 상당히 하이레벨입니다. 가방 중에서는 중급 레벨 정도인데, 연구하는 자세와 인내심만 있으면 만들 수 있습니다. 이 가방의 특징으로는 파이핑이라 불리는 접합선의 처리로, 뒤집은 상태에서 바느질하고 두께도 조절해야 합니다. 치수는 높이 280㎜, 폭 380㎜입니다.

부록 실물 패턴은 본문의 축소 패턴과 상이하다.
제작기는 http://atelier-beatrice.com 참고
제작 : 베아트리체 공방 박혜정 / 협찬 : 레더박스
가죽 : 국산 네이비 오플 소가죽
실 : 에이미로크 리넨사 Angora 폴리사 Irongate / 클램프, 헤라 : 에이미로크

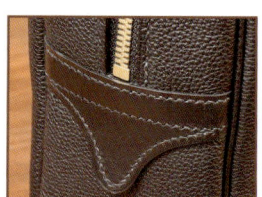

옆판은 큰 지퍼를 달았고 옆판에 붙은 날개 위쪽으로 열리게 되어 있습니다. 손잡이와 모모는 사각링으로 연결했습니다. 내부는 돈피 안감을 붙였고 내부 포켓을 달아 사용성을 높였습니다.

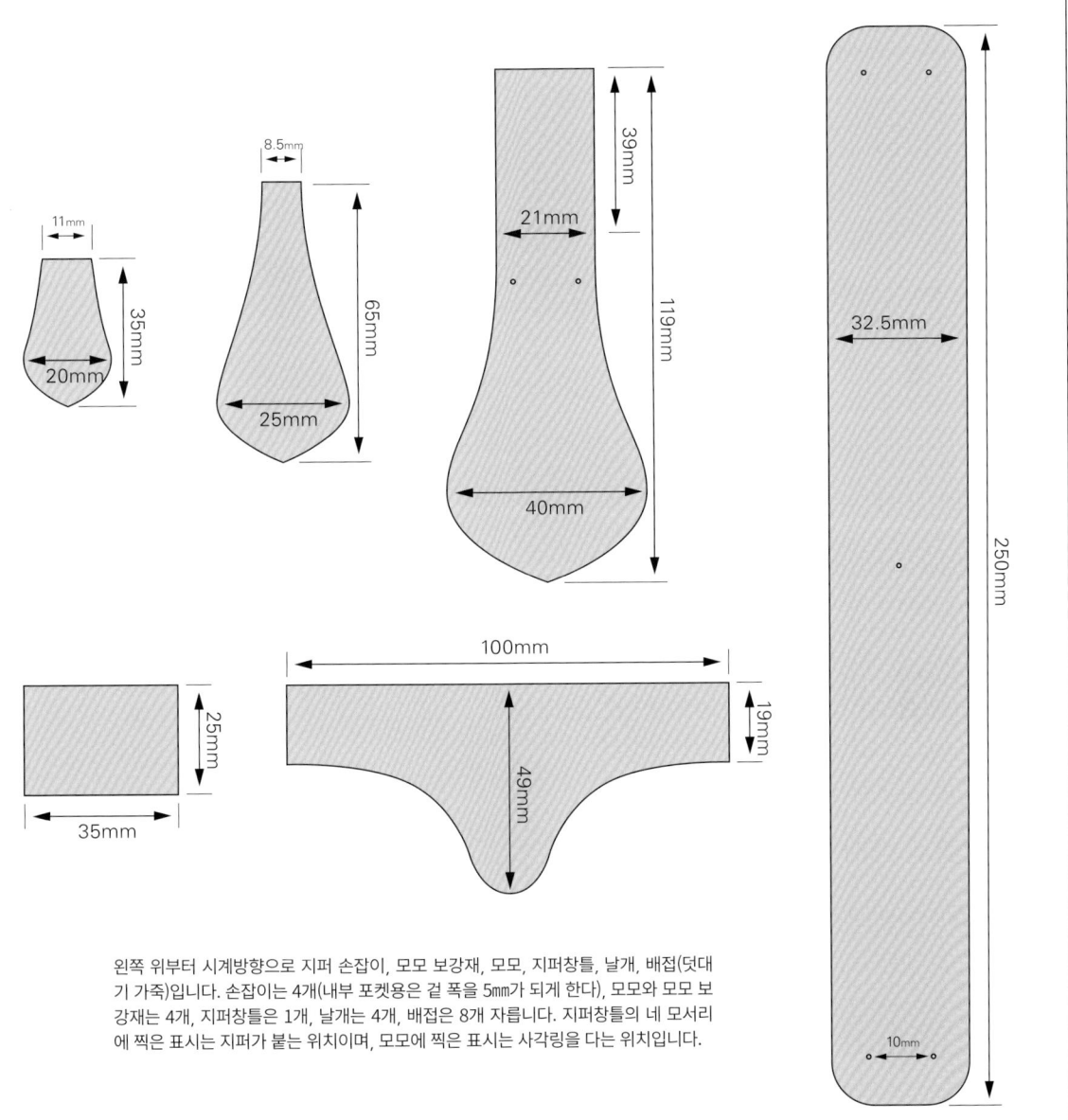

패 턴 ②

도면은 위에서부터 바닥, 옆판이 되고, 하단은 왼쪽부터 핸들(2개), 포켓 안쪽, 포켓 바깥쪽, 본판(본판용 2매, 안감용 2매)입니다. 옆판의 점은 창의 위치를 표시한 것입니다.

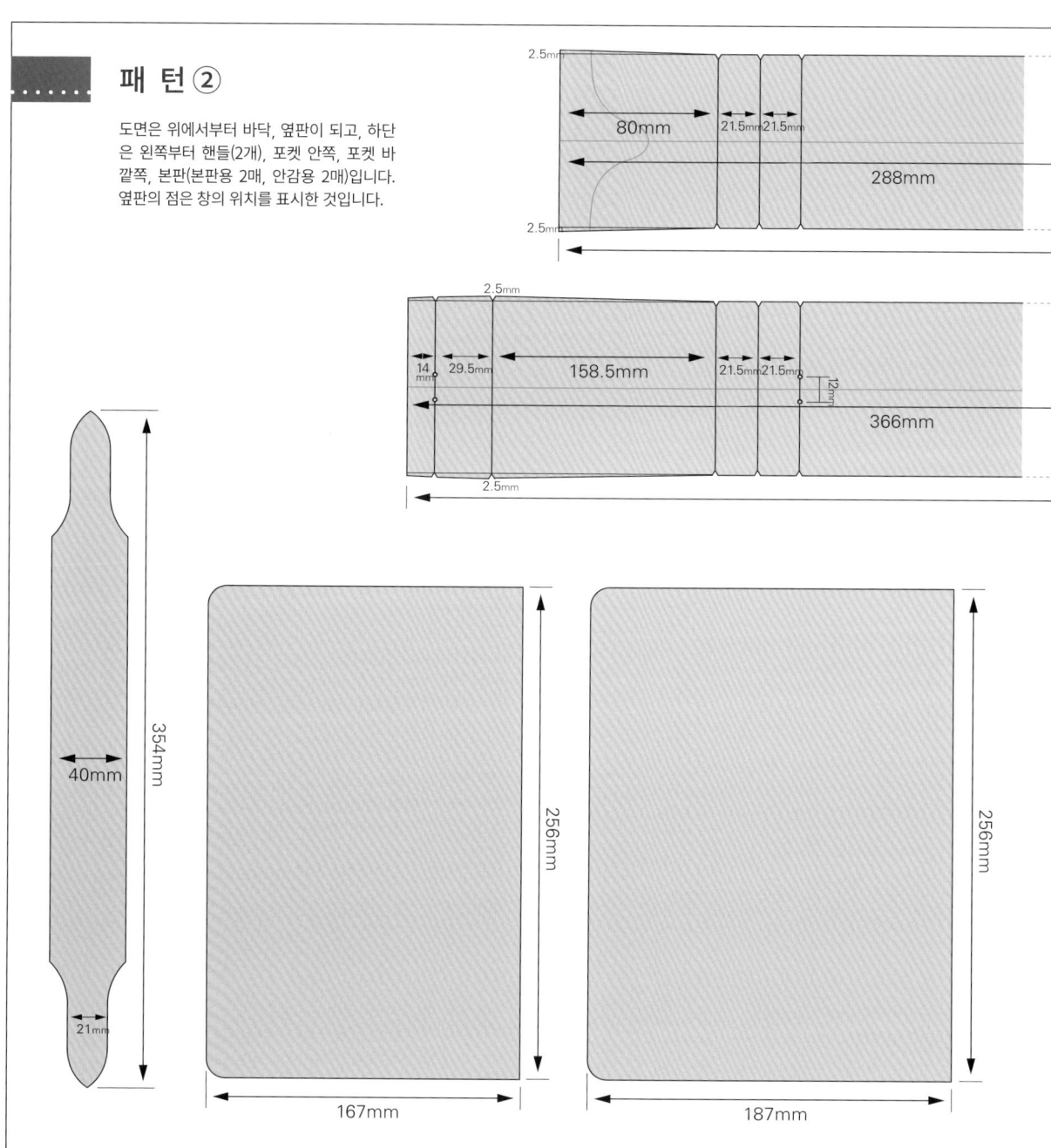

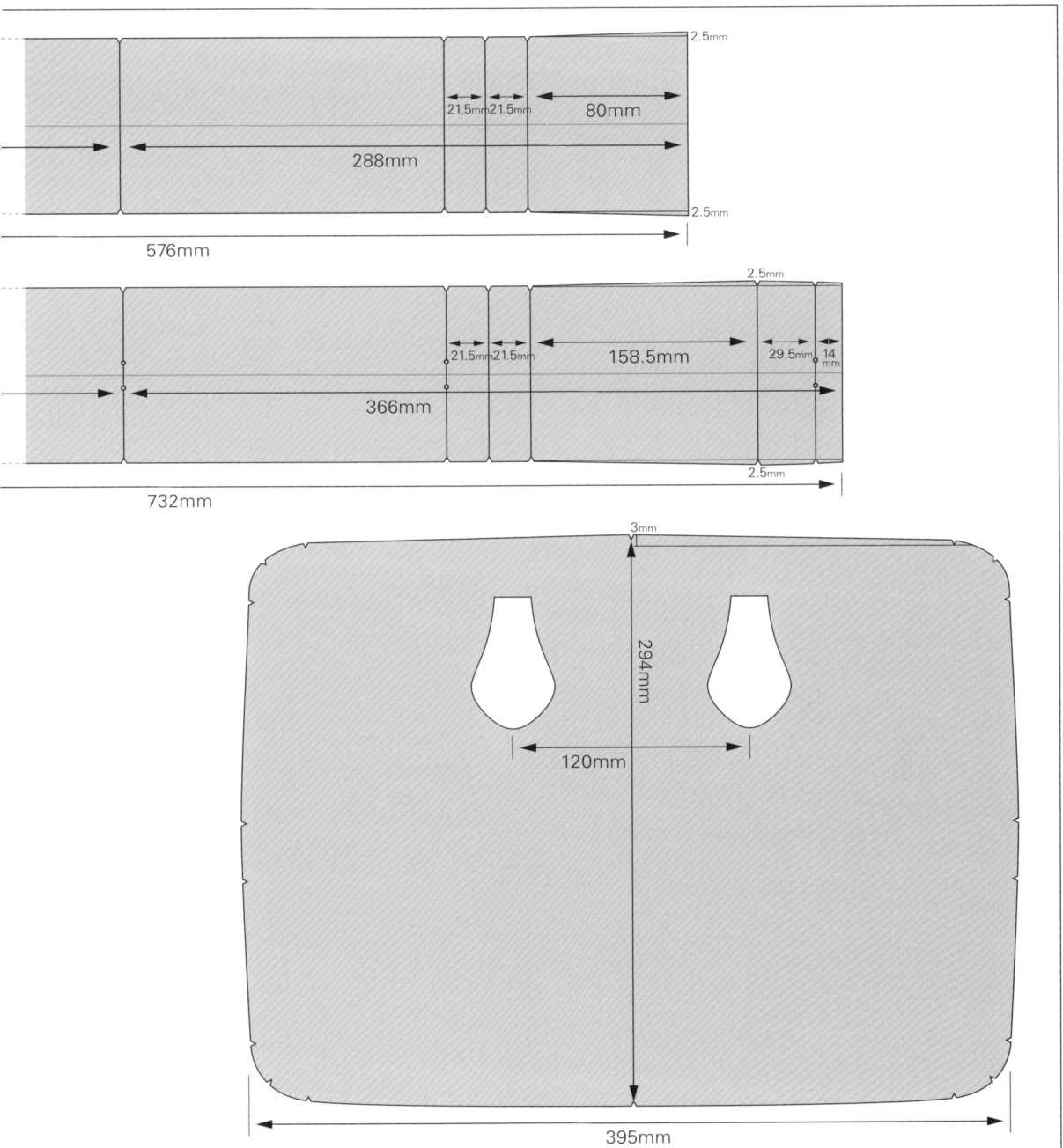

파이핑용 패턴 제작

이번에 소개하는 서류가방은 본판과 옆판의 사이에 둥글게 접은 가죽을 접합하는, 파이핑이라 불리는 구조를 채용하고 있습니다. 파이핑으로 마감하는 경우, 바느질 선은 가방 안쪽으로 가게 되므로 옆판의 치수는 바느질 선이 바깥으로 나는 것과 다른 방법으로 계산해야 합니다. 여기서는 새롭게 패턴을 만들거나 사이즈를 변경할 때 도움 되게끔, 파이핑용 옆판 패턴의 제작방법을 설명하겠습니다.

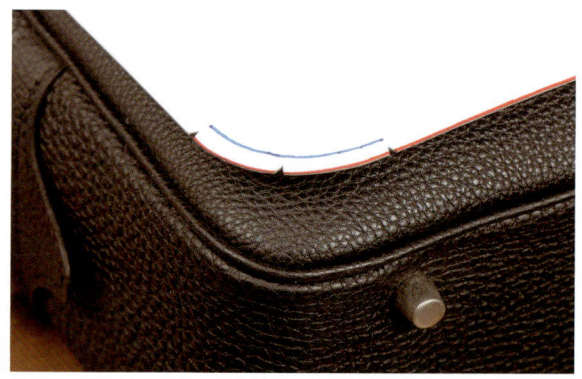

파이핑 가방의 본판 패턴은 실제 치수보다 조금 더 크게 그리고, 이에 맞추어 옆판 길이를 결정한다.

1 먼저 기준이 되는 직선을 긋는다. 패턴은 반으로 나누어서 만들면 간단하게 좌우 대칭이 된다.

2 본판 패턴의 중심에서 모서리 곡선 시작까지의 길이를 재고, 옆판용 패턴에 그 길이를 표시한다.

3 파이핑은 5mm 안쪽을 바느질하기 때문에 디바이더나 크리저를 사용해서 본판 패턴에 표시한다.

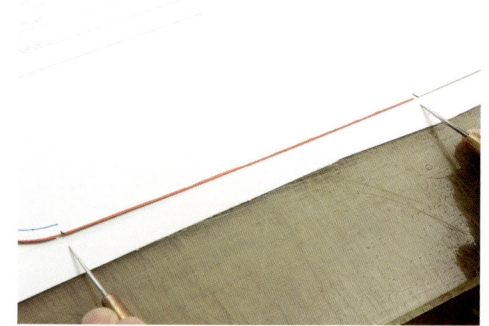

4 2의 표시와, 본판의 패턴에 대응하는 부분을 맞춘다. 송곳으로 가리키는 위치가 맞추는 점이다

CHECK!

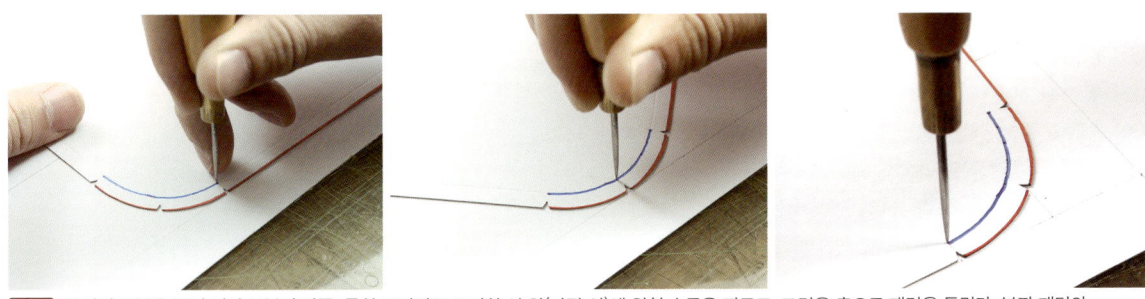

5 모서리 부분은 곡선 시작 부분의 안쪽, 특히 크리저로 표시한 선 위(파란 선)에 원형 송곳을 찌르고, 그것을 축으로 패턴을 돌린다. 본판 패턴의 선(붉은 선)이 1에서 표시한 기준선에 만나면 회전을 멈추고, 송곳으로 찌르고, 다시 회전한다. 이 작업을 각 모서리마다 반복한다.

CHECK!

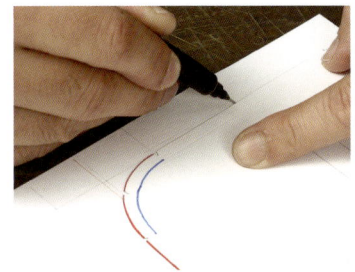

6 패턴을 회전할 때는, 여기서 표시한 R(라운드)의 시작과 끝, R의 정점, 총 3개의 기준선에 붙은 부분에 표시해 놓는다.

가죽이 늘어날 것을 고려해서 3개의 점 거리는 각각 1~2mm(모서리 전체로 2~3mm정도) 여유를 둔다. 길이가 모자라면 가죽이 당겨져서 옆판 변 중심점이 안쪽으로 말려들어가 형태가 변형되어 버린다.

가죽 모서리가 당겨질 것을 고려해서 본판 패턴에도 각 변의 중앙부를 3mm 높여 만들었다.

기본 파츠의 재단

여기서는 기본적인 제작 공정에 대해 설명합니다. 먼저 기본 파츠를 패턴에 맞추어 자릅니다. 서류가방에서는 본판과 옆판은 크롬 마감한 슈렁큰 카프를, 손잡이는 탄닌 숄더, 내피로는 탄닌 마감한 돈피를 사용하였습니다. 제작법과 사용할 파츠에 맞추어 자를 부위를 결정합니다.

카프는 가방의 겉면 파츠 용. 이것은 1마리 가죽으로 흠집 없는 부분을 사용한다. 본판은 옆판을 놓은 반대쪽에 한 장 더 잘라둔다.

이것은 돈피. 돼지 가죽은 은면에 상처가 많으므로 바닥면을 사용한다.

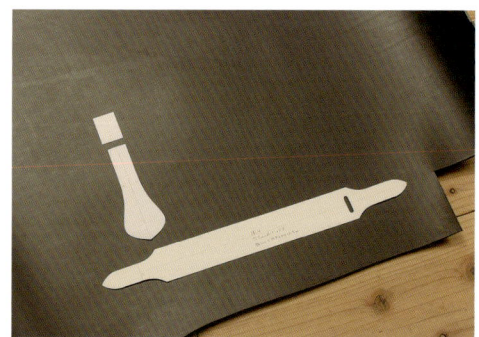

숄더 가죽은 손잡이용. 늘어남 방지 테이프나 로프심을 사용할 때는 늘어나는 방향을 따라 붙여야 뒤틀리지 않는다.

가죽은 먼저 여유를 살짝 두고 잘라낸 다음 패턴에 맞추어 자르면 스피드와 정확성이 올라간다.

1

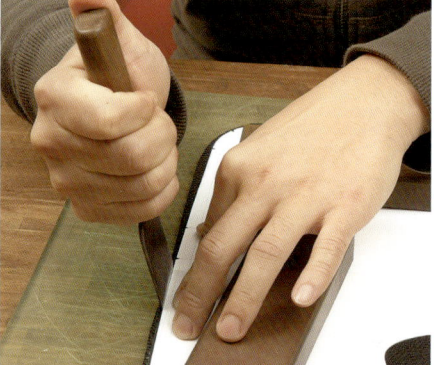

2 라운드 부분은 구두칼을 세워서 작업자 쪽을 향해 상하로 움직이면서 세밀하게 잘라낸다.

3 본판과 옆판의 R값의 시작, 중앙, 끝점을 표시하고 V자로 작게 잘라낸다.

준비된 기본 파츠

사진에 보이는 것들이 기본 파츠입니다. 파이핑 가죽은 본체 패턴보다 조금 길게, 폭 2cm로 본체와 같은 가죽을 2장 잘라냅니다.

① 손잡이
② 지퍼창틀
③ 배접
④ 모모 보강재
⑤ 모모
⑥ 본판 겉감
⑦ 본판 안감
⑧ 포켓
⑨ 옆판 안감
⑩ 바닥 안감
⑪ 옆판 겉감
⑫ 바닥 겉감
⑬ 파이핑 가죽

손잡이 만들기

먼저 가방을 들 때 쓰는 손잡이를 제작합시다. 금속장식을 다는 끝의 곡선처리 때문에 이 서류가방에서 가장 어려운 부분입니다. 언뜻 보았을 때도 어려워 보이고 하중이 많이 실리는 파츠이기 때문에 정확하게 작업하지 않으면 사용 시 문제가 생깁니다. 착실하게 제작하는 것이 무엇보다 중요합니다.

■ 모모 제작

1 패턴을 이용해서 손잡이와 연결되는 모모 부분을 본판의 가죽에 원형 송곳으로 표시한다. 시접이 접히는 부분은 쇠자를 사용해서 가로로 표시한다.

2 접착제를 바르기 좋게 표시한 부분 1mm 안쪽을 커터로 긁는다.

3 모모는 두께가 너무 두꺼워지면 바느질이 어려우므로 1.6mm 로 두께로 피할한다.

4 패턴과 원형 송곳을 사용해서 정확한 형태를 가죽에 표시하고 구두칼로 자른다. 바깥쪽 볼록한 곡선은 P145에서 소개한 방법으로, 안쪽으로 오목한 곡선은 사선 구두칼로 칼끝이 선을 따라가듯 자르면 오른쪽 사진과 같이 깨끗하게 잘린다.

서류가방 MAKING TECHNIC 3 제작해설 ③

POINT
금속장식을 그대로 끼우면 모모에 단차가 생기므로 금속장식과 동일한 두께의 보강재(스플릿 가죽)을 준비한다.

5 패턴에 맞춰 보강재를 잘라내고 테두리를 부분 피할한다.

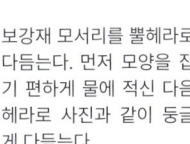

6 보강재 모서리를 뿔헤라로 다듬는다. 먼저 모양을 잡기 편하게 물에 적신 다음 헤라로 사진과 같이 둥글게 다듬는다.

7 모모는 표면을 붙이는 것만으로는 튼튼하지 않으므로 일부를 시접처리해서 붙인다. 이대로 바느질하면 끝이 두꺼워지기 때문에 본체에 붙는 쪽 상단부를 피할한다. 두께가 느껴지지 않을 만큼 깎아내야 한다.

147

CHECK!

8
모모 가죽은 늘어나지 않는 방향으로 잘라야 하고 하중이 걸려도 늘어나거나 찢어지지 않도록 보강테이프를 붙인다. 모모 끝을 공정 1에서 찍은 선에 오는 위치에 오도록 구부려가면서 테이프를 붙인다.

9 보강테이프의 실은 종횡으로 엮여있는데, 그대로는 찢어질 수도 있다. 찢어지는 것을 방지하고 접은 후 내피가 보이지 않도록 배접을 붙인다. 비어져나온 가죽은 붙인 후 잘라내면 된다.

10 이 시점에서 모서리 테두리를 다듬는다. 400방 사포로 모서리를 연마한다.

11 은면의 색에 맞추어 염료를 바른다.

12 테두리를 보강하고 장식 요소를 더하기 위해 크리저를 긋는다.

13 모모는 탄닌 가죽을 사용하므로 면봉에 염료를 묻혀 염색하듯 바르면 된다.

14 천으로 단면을 광택내고 600, 800방으로 교체해가면서 사포질을 한다. 연마, 염색, 광택 공정을 반복하면서 오른쪽처럼 마감한다.

POINT

모모 바느질 선을 긋기 위해 크리저를 사용한다. 크리저 폭을 쇠자로 계산하는 것이 일반적인데, 미묘하게 비껴나가는 경우도 많으므로 종이에 실제로 그어보고 폭을 확인하는 것이 정확하다.

15 단면부터 3.5mm 위치에 크리저로 바느질 선을 긋는데, 시접 부분은 긋지 않는다.

16 2날 목타를 사용해서 구멍을 뚫는다. 목타 시작과 끝점은 원형 송곳으로 뚫는다.

17 보강재는 부분 피할한 쪽이 모모 쪽에 붙도록 하고, 시접 바로 아래에 오도록 붙인다.

18 본판 한 면에 2개, 총 4개의 모모가 완성되었다. 금속장식이 붙는 쪽에는 바느질 하지 않고 남겨두는 것이 예쁘다.

■ 손잡이 만들기

19 손잡이는 1.6mm 두께로 피할한다. 사진처럼 부드럽게 접힌다.

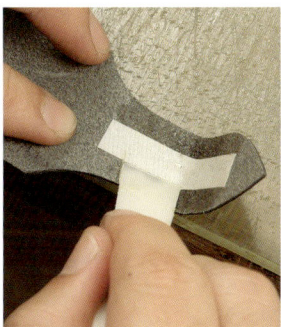

20 패턴을 따라 정확하게 잘라낸 후 금속장식 다는 부분에 보강테이프를 붙이고, 배접 가죽도 붙인다.

21 붙인 후에는 작업할 수 없기 때문에 완성 후 보일 가능성이 있는 배접 부분과 손잡이 끝의 은면에 장식선을 긋는다. 그리고 테두리를 마감한다(마감방법은 모모와 동일하다).

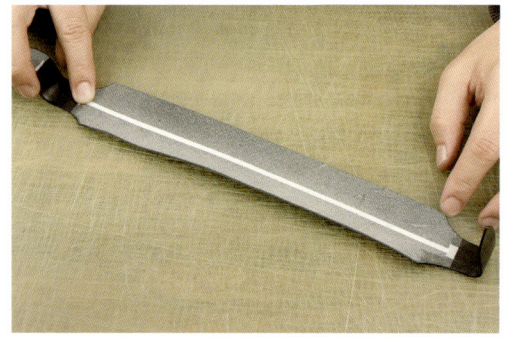

22 3mm 보강 테이프를 손잡이 중앙에 붙이고, 양 끝에는 좀 더 두꺼운 테이프로 붙인다.

23 손잡이에 힘이 가해지기 때문에 보강 테이프 위에 양면 테이프를 붙이고, 중앙을 알기 쉽도록 펜으로 그어놓는다.

POINT 손잡이 보강재로는 중심부에 마직물이 들어간 직경 7mm 로프심을 사용한다.

24 보강재를 25.5cm 길이로 자른 뒤 그 중심을 중앙에 맞추고 보강재와 주변 가죽에 접착제를 붙인다.

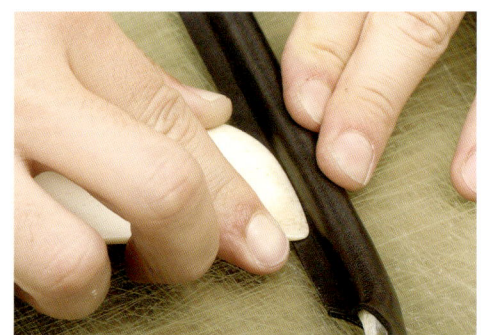

25 양 끝의 테두리가 비뚤어지지 않도록 눌러가면서(좌우 번갈아 작업) 잘 압착한다.

26 목타를 치기 위해 로프심 부분을 헤라로 확실히 밀어준다.

CHECK!

27 손잡이 끝의 라인과 바느질 선의 연장선이 되는 시작, 종점에 원형 송곳으로 표시를 한다.

28 27에서 찍은 표시를 기준으로 목타를 약하게 친다. 바느질 선은 로프심보다 바깥으로 가야 한다.

29 왁스를 먹인 리넨실로 바느질한다. 목타 자국 위로 마름 송곳을 관통한다.

 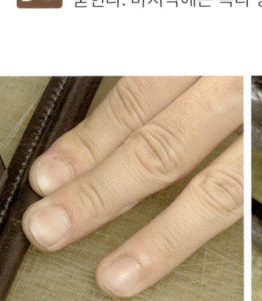

30 끝까지 바느질한 후 세 땀 돌아오는데, 돌아올 때 접착제를 묻힌다. 마지막에는 목타 방향과 반대로 실을 빼내서 자른다.

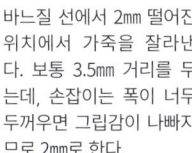

바느질 선에서 2mm 떨어진 위치에서 가죽을 잘라낸다. 보통 3.5mm 거리를 두는데, 손잡이는 폭이 너무 두꺼우면 그립감이 나빠지므로 2mm로 한다.

31

32 잘라낸 단면의 가죽은 각이 살아 있으므로 대패로 모서리를 살짝 밀어준다.

33 모서리를 깔끔하게 민 후 단면 마감을 하고 장식선을 그어준다.

34 접착제가 잘 발리도록 내피 부분을 긁어낸다.

35 사각링을 끼우고 접착제는 비어져 나오지 않도록 아주 조금만 바른 후 끝을 맞추어 접는다.

36 앞서 붙인 면의 반대쪽에 크리저로 바느질 선을 긋는다. 상처가 나지 않게 주의

37 바느질 시작과 끝이 될 위치를 원형 송곳으로 좌우 2개 뚫는다. 사각링에 아주 가깝게 뚫는다.

서류가방

MAKING TECHNIC 3 제작해설 ③

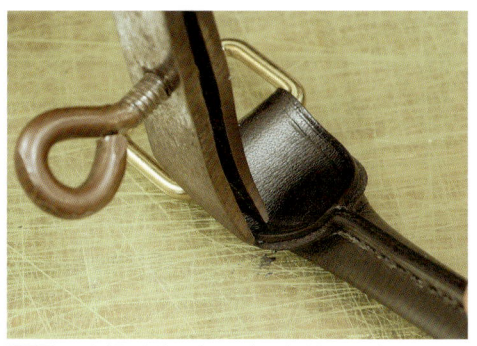

38 손잡이를 뒤집고 이쪽도 바느질 선을 긋는다. 손잡이를 확실히 눌러가며 작업한다.

CHECK!

39 곡면 가죽은 바깥과 안쪽 구멍수가 다르기 때문에 2날 목타로 표시하는 정도로 눌러놓는다.

40 표시한 부분을 마름 송곳으로 뚫는데, 반대쪽까지 관통해선 안 된다. 사진의 위치에서는 원형 송곳을 쓴다.

41 원형 송곳으로 가죽을 뚫고 사각링 쪽부터 바느질을 시작하는데 이렇게 실로 가죽을 묶어준다.

CHECK!

얇은 원형 송곳으로 안팎의 구멍을 관통하며 바느질 위치를 확인한다. 정점의 구멍은 오른쪽 사진과 같이 사선으로 관통하며 맞춰지게 된다.

42

CHECK!

43 바느질을 진행해나가면 안쪽 구멍이 모자란다. 마지막은 실을 두 번 건다.

44 정점을 지난 시점에서 실 양끝이 사진과 같이 위치하는지 확인한다.

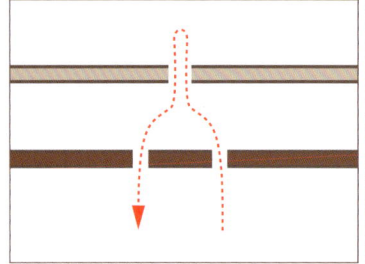

45 사각링을 향해 바느질을 진행해나갈 때도 안팎의 구멍이 맞지 않는다. 바깥에서 안쪽으로 통과한 실을 안쪽 구멍에서 바깥쪽 한 땀 앞으로 통과한다(그림 참고)

46 링 끝까지 바느질했다면, 바느질 시작과 동일하게 가죽을 묶어주고, 접착제 바른 실을 세 땀 돌아가서 안쪽에서 매듭을 짓는다.

47 아무리 정확하게 맞췄다 하더라도 바느질하는 과정에서 단면에 단차가 생긴다. 단면을 깔끔하게 마감해서 완성한다.

본판 만들기

손잡이 만들기가 끝났으므로 본체를 만들어서 손잡이를 달 차례입니다. 이 공정에서는 바느질이 많은데, 완성도를 좌우하는 작업이 많으므로 긴장을 늦춰서는 안 됩니다. 파이핑 가방에서는 본판과 몇 장의 가죽을 합쳐 바느질하기 때문에 가죽 두께를 충분히 고려할 필요가 있습니다. 정확히 계산해가면서 진행해 나갑시다.

■ 보강재 붙이기

 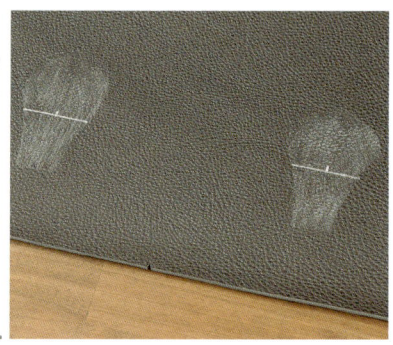

1 모모를 붙일 위치, 보강재 중심을 표시한다. 모모의 위치가 어긋나면 보기 싫고 가방 중심도 어긋나므로 모모에도 중심 표시를 해놓는다.

2 은면 끝, 폭 3mm 정도를 접착제가 붙기 쉽게 긁어낸다.

3 본판 내피는 끝에서 2~3cm를 피할한다. 바느질 후 시접하기 쉽게 하기 위해서이다.

POINT

부분 피할에서는 이런 가죽 피할기를 쓰면 편리하다. 은면을 거칠게 깎을 때도 쓰인다.

CHECK!

4 본판에 붙일 보강재를 잘라낸다. 본판의 패턴 그대로 자르고 크리저로 1cm 안쪽을 표시한다.

크리저 라인대로 잘라내고 본판 가죽과 중앙을 맞추어 펜으로 본판 내피에 위치를 표시한다.

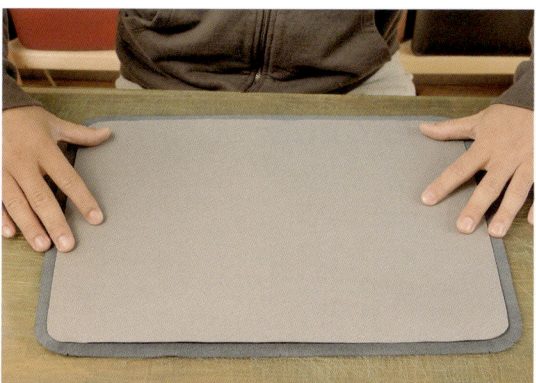

5

이번에 사용한 스폰지 보강재는 형태가 틀어지기 쉬우므로 필름을 뗄 때 5cm 정도씩 말아가면서 떼서 붙인다. 한 번에 붙는 면적이 좁기 때문에 붙이기도 쉽다.

6

CHECK!

신경 써서 붙여도 끝이 늘어나기 때문에 패턴이나 본판의 선을 참고로 해서 끝부분을 잘라낸다. 마지막 필름을 떼기 전에 작업해야 한다.

7

■ 손잡이 달기

8 패턴을 대고 모모가 붙는 안쪽(보강재) 부분에 표시한다. 어긋나지 않도록 주의

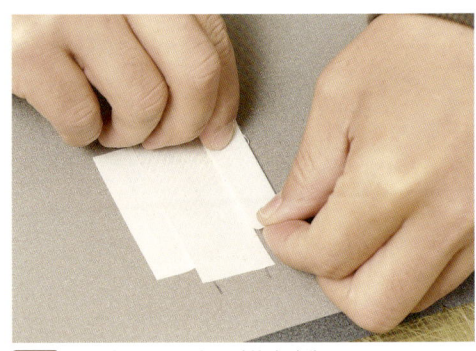

9 모모가 붙는 부분을 보강하기 위해 표시한 부분에 보강테이프를 붙인다.

10 모모 위쪽, 시접으로 가려지는 부분의 은면을 긁어내서 접착제를 바르기 쉬운 상태로 만든다.

11 모모는 비뚤어지지 않게 붙이는 게 중요. 패턴에 그려진 중심 위치를 표시한다.

CHECK!

모모 시접과 보강재에 접착제를 바르고 중심과 수평을 맞춰 모모를 단다. 본판 중심에서 6cm 위치에 모모가 붙는데 자를 대서 구부러지지 않도록 맞춘다.

12

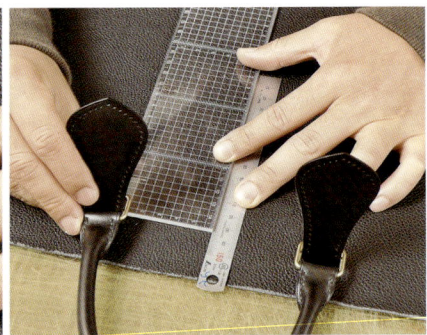

13 모모 중심부를 바느질하기 위해 목타를 친다. 모모를 다는 부분 아래 위에서부터 모모가 달리는 본판 쪽까지 친다(여기서는 본판 6개, 모모에 9개 구멍을 낸다). 나일론 8번사를 써서 아래에서 위로 바느질한다. 위까지 바느질하면 세 땀 돌아와 라이터로 마감한다.

14 모모 끝이 올 위치를 원형 송곳으로 표시한다. 그 위치에 모모를 댄 후 사각링이 수평이 되도록 쇠자로 확실히 누른다. 수평을 확인한 후 모모의 사각링 바로 아래 원형 송곳을 뚫는다. 본판에도 구멍을 뚫어 리넨실로 꿰맨다.

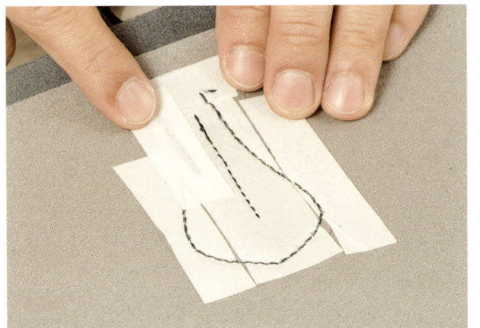

15 사각링의 바로 아래는 손잡이와 동일하게 원형 송곳으로 구멍을 뚫으며 실을 두 겹으로 멘다.

16 끝부분도 두 겹으로 바느질하고, 세 땀 돌아와 접착제로 마감하고 보강테이프를 붙인다.

17 바느질한 부분에 크리저 선이 지워졌다면 다시 한 번 눌러서 장식선을 긋는다.

■ 파이핑 달기

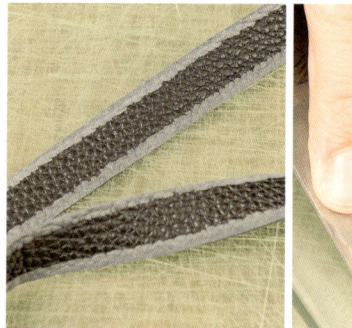

18 1mm 두께가 되도록 피할하고 15mm 폭으로 자른다. 은면의 끝을 거칠게 깎고 양 끝 1cm 여분을 남겨둔다.

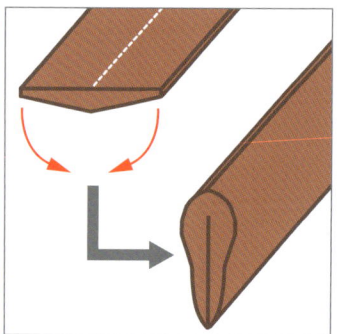

19 단면이 역삼각형이 되도록 바닥을 피할하고 중심에서 반으로 접는다.

20 망치로 가볍게 압착한다. 이렇게 하면 파이핑 단면이 물방울 모양으로 잡힌다.

CHECK!

21 파이핑을 붙인다. 파이핑 끝은 본판 바닥 중앙에 오는데, 종이를 끼워 붙지 않도록 해 둔다.

22 파이핑을 본판 테두리 전체에 붙이고, 18에서 남겨둔 부분을 자로 자른 후, 바닥면을 얇게 피할한다.

■ 포켓 만들기와 달기

23 파이핑 끝과 끝이 정확히 만나도록 붙인다. 두께를 정확하게 재면 단차가 안 생긴다.

24 먼저 테두리를 다듬는다. 크롬 가죽이어서 사포질 한 후 밀랍을 바르고 천으로 닦는다.

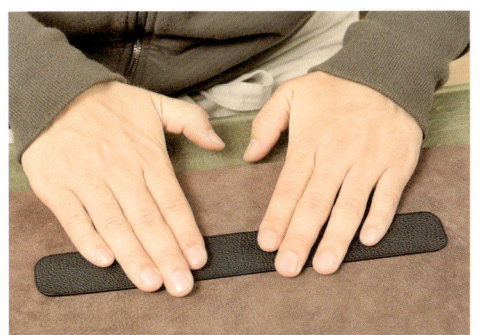

25 단면 마감은 보통 3회 반복하는데, 슈렁큰 가죽은 5회 정도는 해야 한다. 다듬고 크리저를 긋는다.

26 지퍼창틀을 달 위치를 원형 송곳으로 표시하고, 접착제로 붙인다.

CHECK!

27 슈렁큰 가죽에 크리저를 그을 땐 온도를 올려야 선이 남는다.

POINT

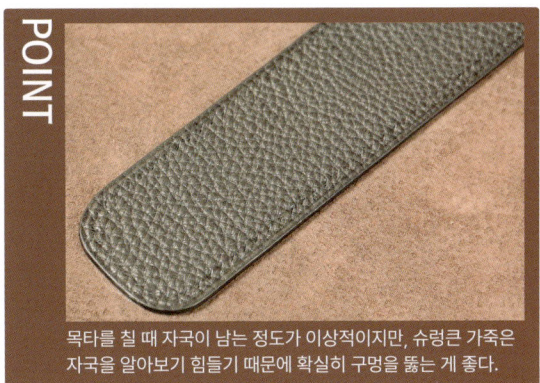

목타를 칠 때 자국이 남는 정도가 이상적이지만, 슈렁큰 가죽은 자국을 알아보기 힘들기 때문에 확실히 구멍을 뚫는 게 좋다.

CHECK!

28 지퍼창틀을 바느질 한다. 한쪽이 보이지 않을 때는 보이는 쪽 바늘을 세우듯 찌르면 바느질이 쉽다.

29 리넨실을 사용하므로 접착제로 고정한다. 리넨실은 실이 두꺼우므로 망치로 살짝 쳐서 고정한다.

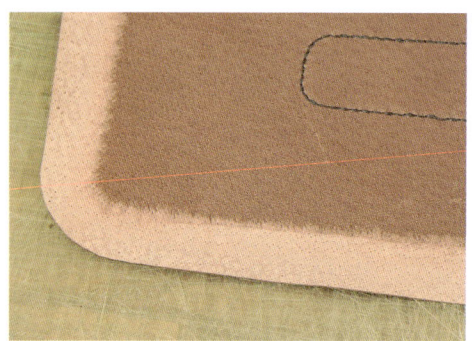

30 내피도 시접하므로 안쪽 2cm 정도를 끝이 0.3mm 두께가 되도록 피할한다.

31 본판 패턴에 대고 겉감 내피의 중심에 V자로 살짝 자른다.

32 지퍼 창을 만든다. 먼저 패턴에 있는 4개의 점을 뚫고, 자를 대고 긋는다.

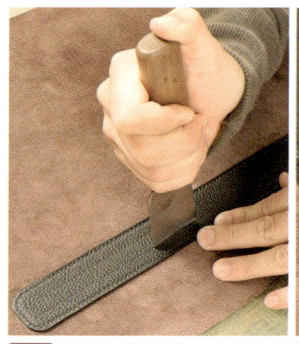

33 긴 쪽은 구두칼을 쓰고, 짧은 쪽은 일자펀치를 써서 자른다. 폭은 10mm

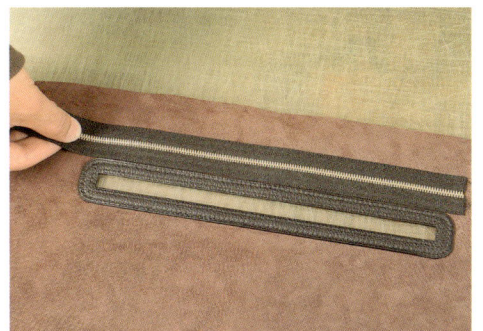

34 지퍼창틀 안쪽 단면도 다듬고 크리저로 선을 긋는다. 그리고 3~3.5mm 폭으로 재봉선을 긋는다.

35 재봉선에 맞추어 목타를 치고 창틀보다 조금 길게 지퍼를 컷트한다. 폭 5mm 3호를 썼다.

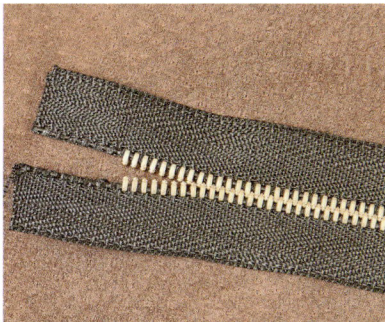

36 슬라이더를 넣기 위해 이빨을 뽑는다. 테이프(천) 끝과 지퍼창틀 입구가 일치하는 위치까지 이빨을 뽑고 진행방향에 맞추어 슬라이더를 끼운다.

37 슬라이더를 끼우면 H스토퍼를 뒤에 끼우고, 망치로 두들겨서 고정한다.

38 지퍼를 지퍼창틀에 맞춘다. H스토퍼가 창틀에 딱 맞게 고정한다.

39 슬라이더를 닫아 지퍼를 잠그면 왼쪽 사진처럼 작은 틈이 생긴다. 틀에 딱 맞는 위치에 표시하고 이빨을 뺀 후 스토퍼를 단다.

40 뒤 1cm 정도를 남기고 테이프를 자른 뒤 올이 풀리지 않게 끝을 라이터로 지진다.

POINT 슬라이더를 딱 맞게 붙이기 위해 창틀에 맞추어 자른 종이에 이빨과 창 부분 폭(2.5cm)의 종이를 붙여서 자작 공구를 만든다.

41 먼저 자작 공구를 금속장식 위에 올리고 드러난 부분에 접착제를 바른다.

42 지퍼창틀 쪽에도 접착제를 바르고 공구의 위치를 옮겨가면서 지퍼를 붙인다. 이렇게 하면 지퍼가 중앙에 딱 맞게 붙는다.

CHECK!

43 포켓의 가죽은 안쪽이 지퍼창틀 위쪽, 앞쪽이 창 아래에 오는 높이다(폭은 동일).

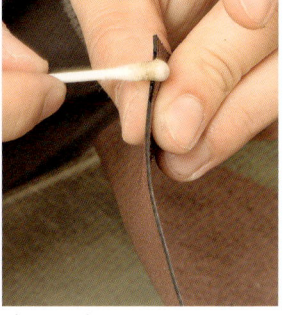

44 앞쪽 가죽 상단, 지퍼를 열 때 보이는 부분의 테두리에 장식선을 긋고 다듬는다.

45 이번에 쓴 가죽은 두껍고 겉으로 보일 가능성이 있으므로 약해지지 않을 정도로 끝을 피한다.

46 2장의 가죽을 맞춰 짧은 쪽 상단에서 2cm 부분을 남기고 접착제를 바른 뒤 포켓 가죽을 맞붙인다.

47 앞쪽에 붙이지 않은 위치를 알 수 있도록 펜으로 표시한다. 그 아래쪽으로 목타를 친 후 바느질한다.

48 자작 공구를 사용해서 포켓의 짧은 쪽 가죽을 지퍼에 딱 맞는 위치에 붙인다.

49 창 아래쪽 바느질 창틀과 포켓을 맞춘다. 지퍼 테이프가 상하지 않도록 원형 송곳으로 뚫는다.

50 지퍼 위쪽에 남은 포켓 가죽에 접착제를 바른다. 금속장식에 묻지 않도록 주의

51 창 위쪽과 짧은 쪽을 바느질하고, 포켓을 고정한다. 실을 두들겨서 고정한다.

52 완성되면 사진과 같이 깔끔한 포켓이 완성된다.

옆판 만들기

본판 파츠의 제작이 끝나면 옆판 차례입니다. 다만 긴 지퍼가 달린 파이핑 옆판이라서 작업이 만만찮습니다. 길이도 두께도 잘 조절해가면서 만들어야 본판과 연결할 수 있고, 뒤집었을 때 형태가 잘 유지됩니다. 공정에 대해서 충분히 이해하는 것이 중요합니다

■ 옆판 만들기

1 패턴에 찍어놓은 표시를 가죽에 옮기고, 옆판 테두리, 바닥과 옆판이 이어지는 부분을 2~3cm 범위로 피할한다.

MAKING TECHNIC 3 서류가방 제작해설 ③

2 패턴에 있는 창의 네 모서리를 원형 송곳으로 표시하고 자로 이어서 날개를 달 자리를 표시한다.

3 2에서 낸 라인에 맞추어 구두칼로 창 부분의 가죽을 잘라낸다.

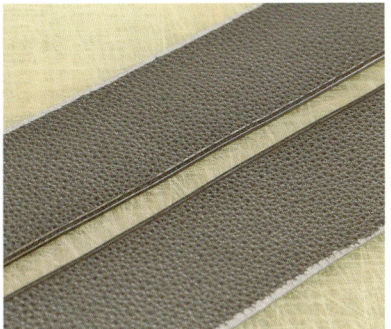

4 지퍼를 단 다음에는 세공을 할 수 없기 때문에 창 부분의 테두리에 사포질을 하고 염료를 바르고, 왁서를 칠해서 마감한다.
장식선을 긋는다면 은면, 내피 둘 다 긋는다. 또한 옆판의 은면 끝은 뒤에 접착제로 붙이기 때문에 표면을 거칠게 깎는다.

5 옆판부터 좀 길게 지퍼를 잘라낸다. 사용하는 지퍼는 폭 6mm 5호이다.

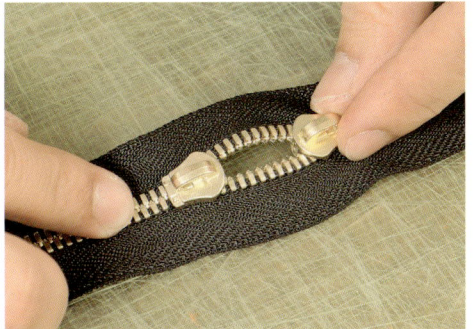

6 이빨을 빼고 슬라이더를 넣는다. 옆판의 양끝에서부터 더블 슬라이더를 달았다.

7 한쪽 끝에 스토퍼를 달고 창에 지퍼를 대서 다른 쪽 끝에 표시를 한다. 창 폭 12mm, 5호 지퍼용 자작 공구를 만들어서 지퍼 위치를 맞춰가며 붙인다. 제일 끝의 불필요한 이빨도 뺀다.

8 다른 쪽 끝도 5호용 스토퍼를 달고 남는 지퍼 테이프를 잘라낸 후 고정한다.

9 달군 크리저로 3.5mm 위치에 바느질 선을 긋고, 목타로 구멍을 뚫는다.

10 자작공구를 사용하면서 지퍼를 붙인다. 망치로 두들겨가며 압착한다.

11 옆판용 패턴을 사용해서 2~3mm 큰 안감용 돈피를 재단한다.

서류가방

MAKING TECHNIC 3

제작해설 ③

12 패턴을 세로로 길게 반으로 자른 뒤 그 중심선에 대고 안감 가죽을 2장 자른다.

13 자른 쪽에서 2cm 정도 끝으로 얇게 피할한다. 끝부터 12㎜ 위치에 선을 표시하고 시접처리한 후, 두들겨 압착한다.

14 시접을 접으면 단면 처리를 안 해도 된다 장식선만 긋는다.

15 옆판에 붙일 때 두께가 두드러지지 않도록 사진처럼 피할한다. 얇은 가죽은 피할하지 않아도 된다.

16 자작 공구를 사용해서 지퍼 끝까지 접착제를 바르고(안감도 접착제를 바른다), 아까 제작한 안감을 자작 공구를 써서 완전히 붙인다. 손으로 누르면 깔끔하게 붙지 않으므로 망치로 두들긴다.

CHECK!

17 안감에 목타를 치지 않았으므로 테이프에 상처나지 않도록 원형 송곳으로 구멍을 뚫어 바느질한다.

18 옆판의 지퍼는 리넨실로 재봉한다. 망치로 두들겨 고정한다.

19 옆판과 안감 가죽은 끝을 사진처럼 둥글게 말아서 연결한다. 접착제를 끝 부분만 바르고 붙인 다음 손가락으로 눌러서 압착해준다. 옆판 밖으로 불거져나온 안감을 잘라낸다.

지퍼와 안감 붙이기가 완성된 옆판. 본판과 바느질 할 양 끝 부분이 구부러져 있는 것을 볼 수 있다.

20

■ 날개 만들기

21 옆판과 바닥의 접착부가 될 날개. 짝을 맞추어 겉감 0.7mm, 안감 0.4mm 두께로 피할한다.

22 손잡이의 양 끝은 시접처리 하므로, 끝 두께는 0이 되게 손피할한다.

23 겉감, 안감 모두 기준선에 맞추기 위해 자를 이용해 길게 커트하고, 그 선 부분이 남지 않도록 얇게 부분 피할한다. 겉감 기준선보다 1.5cm 아래에 안감을 둔다.

24 끝부분을 안감 쪽으로 구부려서 모양을 잡고 겉감과 안감을 접착제로 붙인다.

25 날개용 패턴을 대고 원형 송곳으로 정확하게 그은 후, 커트한다.

26 좌우의 짧은 직선부분은 제외하고 단면을 다듬은 후 장식선을 긋는다.

27 긴 직선부에 크리저로 바느질 선을 긋고, 그 1.5cm 안쪽에 원형 송곳으로 바느질 선을 그은 후남는 측면을 잘라낸다.

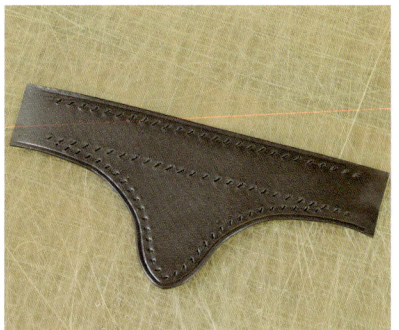

28 곡선부도 크리저로 바느질 선을 긋고, 목타를 친다. 곡선부의 목타는 끝의 뾰족한 부분에 구멍이 오도록, 날간격을 조절해가면서 친다. 곡선부 끝 1cm 정도는 오른쪽 사진처럼 구멍을 뚫지 않고 놔둔다.

29 날개 곡선의 부분만 리넨실로 바느질한다. 실은 접착제로 마감하고 잘 두들긴다.

30 아래가 완성된 날개. 같은 공정을 반복해서 2개의 날개를 만든다.

● 바닥 만들기

31 옆판과 동일하게, 쉽게 접을 수 있도록 피할한다. 긴 변을 폭 2~3cm로 깎아낸다.

32 바닥 R을 표시하기 위해 제일 안쪽에서부터 1.5cm 안쪽에 펜으로 표시한다(좌우 동일하게)

33 바닥보다 폭은 약 2cm 좁게, 길이는 32에서 그은 선의 간격이 되도록 약 1mm 두께의 보강재를 자른다.

34 32의 선에 맞춰, 바닥 중심에 보강재를 붙인다. 붙인 다음에는 롤러로 압착한다.

35 짧은 변의 테두리부터 1.2cm 안쪽에 표시를 하고, 그 선과 보강재 사이에 보강재와 동일한 폭으로 자른 스폰지를 붙인다. 본체에 붙인 것과 같은 종류로, 늘어나지 않도록 조금씩 필름을 떼면서 붙여나간다.

POINT

R부분에 딱딱한 보강재를 쓰면, 뒤집었을 때 주름이 생기기 쉽다(스팀이나 드라이어를 쐬면 주름이 펴지긴 한다)

36 바닥 안감은 양끝을 시접한다. 바닥 패턴보다 좌우 각각 1cm씩 길게 돈피를 잘라낸다.

37 테두리를 피할고 짧은 쪽 양 끝을 6mm 폭으로 접착제를 붙인 후 시접하여 망치로 압착한다.

38 정확하게 시접하면 표면(내피)이 패턴보다 좌우 4mm 씩 길 것이다.

39 바닥용 두꺼운 보강재 끝에 표시하고, 안감 표면(은면)을 사포로 긁는다.

40 바닥의 스폰지 보강재를 붙인 부분 이외(양끝 1cm와 여유를 남긴다)와 여기에 맞닿게 될 안감에 접착제를 바른다.

41 안감 양 폭 4mm 위치에 자를 대고 바닥을 붙인 후, 선을 따라 구부려 모양을 잡는다.

42 손으로 누르는 것만으로는 힘이 약하기 때문에 롤러로 안감쪽에서 밀어가며 압착한다.

43 안감 가죽이 남기 때문에 바닥 쪽에서 불거져 나온 부분은 잘라낸다.

44 날개는 바닥의 겉감 끝에 단다. 먼저 날개 안감 끝, 보이지 않는 부분의 은면을 가죽칼로 얇게 한다.

45 날개는 아래쪽 바느질 선에서 바닥에 바느질하는 것으로, 이 위치의 은면을 긁어낸다.

46 아래쪽 바느질 선보다 윗부분의 날개와, 바닥쪽에 접착제를 바르고 위치를 잡아 붙인다.

47 날개는 옆판보다 폭이 넓으므로 삐져나온 손잡이는 구두칼로 자른다.

48 날개의 파이핑 붙는 쪽을 긁어내고, 날개와 바닥의 겉감만을 리넨실로 바느질한다. 바느질이 끝나면 망치로 두들겨서 압착한다.

49 위치와 방향을 맞추면서 날개를 이런 형태로 마감한다. 옆판은 바닥 겉감과 안감의 사이에 들어가게 된다.

■ 지퍼 고리 만들기

지퍼 슬라이더에 달 고리를 제작한다. 고리는 겉감과 안감(얇게 피할), 보강재(스플릿 가죽)와 슬라이더에 달 D링으로 구성된다.

50

51 고리는 D링을 걸 수 있게 구부린다. 먼저 안감을 구부려놓고, 접은 중심에 보강테이프를 붙인다. 그리고 안감, 겉감 방향의 내피에 접착제를 바른다. 물론 붙이기 전에 겉감도 구부려서 붙여야 한다.

52 롤러로 밀면서 압착하면 좀 더 확실하게 붙는다.

53 가죽의 접는 중심점과 패턴이 일치하도록 원형 송곳으로 표시하고 표시선보다 1~2mm 크게 잘라낸다.

54 중심부는 미리 단면 처리를 하고 장식선도 긋는다. 탄닌 가죽이므로 광택을 내는 마감제를 사용한다.

55 D링 사이로 보일 수 있는 부분만 제외하고 내피 전체를 긁어낸다.

56 고리의 그립감을 좋게 하기 위해 보강 가죽을 댄다. 패턴에 맞추어 스플릿 가죽을 잘라내고 헤라로 둥글게 문지른다.

57 D링을 끼운다. 가죽보다 D링의 폭이 좁으므로 사진처럼 살짝 접어서 끼운다.

58 D링에 닿게 스플릿 가죽을 댄다. 각을 둥글게 만든 쪽이 끝으로 오게 배치해야 한다.

59 헤라로 눌러 둥글게 라인을 만든다.

60 보강 가죽과 D링을 달았으면 왼쪽 사진과 같은 상태가 된다. 이제 패턴에 맞추어 원형 송곳으로 긋고, 가죽칼로 잘라낸다. 소품이라서 자를 때 조심해야 한다.

61 D링 바로 아래 보강 가죽 선에 맞추어 원형 송곳으로 구멍을 뚫는다. 이것이 바느질 시작과 끝점이다.

62 보강 가죽에 딱 닿게 크리저로 테두리를 긋는다.

63 찢어지지 않도록 주의하며 바느질. 리넨실을 사용하고 접착제로 마감

64 단면을 마감하고 장식선도 그으면 지퍼 고리도 완성된다.

가방 조립하기

각 부품이 준비되었으므로 모두 바느질해서 가방을 조립할 차례입니다. 이 공정에서 중요한 점은 각 부분의 두께와 단차입니다. 특히 바닥과 옆판 조합부는 모두 6장의 가죽이 대어지기 때문에 네 겹인 본판 가죽과 함께 바느질하면 너무 두껍고 요철도 심해집니다. 단차를 없애며 조심스레 작업합시다.

■ 옆판 바느질하기

1 옆판과 겹쳐지는 바닥 내피를 피할한다.

2 옆판의 겹쳐지는 부분은 은면을 피할한다.

3 앞 공정에서 옆판에 표시해 놓은 선이 겹쳐지는 부분으로 100방 사포로 은면을 긁는다.

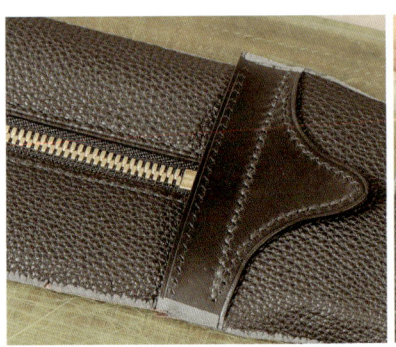

4 옆판은 지퍼 스토퍼가 날개 옆에 붙는다. 두께를 확인해서 문제가 없다면 바닥의 내피와 옆판의 은면에 접착제를 바른다.

CHECK!

5 옆판과 바닥의 겉감을 자로 대서 구부러지지 않고 직선이 되도록 붙인다.

6 안감 가죽을 붙이면서 바닥 쪽 내피, 옆판 쪽 은면이 겹치는 부분에 접착제를 바른다.

7 내피의 가죽도 겉감과 같게 자로 대어서 구부러지지 않게 주의하며 붙인다.

8 붙인 부분을 잘 압착하면서 끝을 구부린다. 옆판의 다른 부분도 동일하게 작업한다. 불거져 나온 가죽이 있으면 잘라낸다.

9 겉피는 날개의 목타를 가이드삼아 좌우 끝에서부터 원형 송곳으로 구멍을 낸다. 안쪽에 난 구멍을 가이드삼아 크리저를 긋고, 목타를 살짝 두들겨서 표시한다. 강하게 치면 바깥에 난 구멍과 다른 방향의 구멍이 뚫려버리므로 주의

10 날개와 옆판을 리넨실로 바느질한다.
지퍼를 열어서 작업하면 쉽다.

11 바느질이 끝난 후에는 동일하게
테두리를 가죽집게로 구부린다.

12 본판도 안감을 연결한다. 테두리를 사포로 거칠게 깎아낸 후 접착제를 바른다. 중심의 모서리 위치를 표시한 다음, 안감을 붙인다. 이때 안감을 잘 붙여서 들뜨지 않도록 해야 한다. 압착이 끝난 후 빠져나온 안감을 잘라낸다.

POINT
안감을 연결한 후의 본판. 겉감이 이렇게 붙어있어야만 뒤집었을 때 형태가 망가지지 않는다.

13 본판과 옆판을 조립하기 위해서 먼저 테두리에 접착제를
발라나간다. 너무 많이 발리지 않도록 주의

CHECK!

14 본판과 옆판을 붙인다 아래위를 헷갈리면 안 된다. 붙이는 순서에도 주의. 먼저 바닥 중심을 맞추고, 끝의 모서리를 맞춘다. 그 다음 옆판 양쪽 변을 작업하는데, 중심과 모서리의 시작점을 붙인 다음, 마지막으로 모서리 정점을 맞춘다.

바른 순서대로 붙여나가면 이렇게 뒤틀림 없이 바르게 조립된다. 붙인 다음엔 집게로 압착한다.

15

이제 다음 본체를 작업해야 하는데, 그 전에 가죽에 스크래치가 나지 않도록 손잡이와 본체 사이에 완충재를 넣는다. 스크래치 방지 뿐 아니라 작업할 때도 편리하다.

16

앞서와 동일한 순서로 본체를 붙인다. 작업이 잘 진행되면 이런 가방 형태가 나온다.

17

18 옆판과 본판을 바느질하기 위해 재봉선을 긋는다. 테두리에서 5mm 위치에 달군 크리저로 긋는다.

19 바느질 선에 맞춰 목타를 친다. 구멍을 뚫지 않고 표시를 내는 수준으로만 살짝 두들긴다.

표시된 목타 땀을 따라 원형 송곳으로 구멍을 뚫어가며 바느질한다. 실은 겉감과 동일한 색의 나일론사를 사용한다.

20

186

서류가방

MAKING TECHNIC 3 제작해설 ③

21 재봉실은 길지 않게 한다. 너무 길면 작업이 불편하기 때문이다. 마감은 라이터로 지진다.

22 바느질이 끝나면 테두리는 1㎜ 정도 구두칼로 잘라내고 단면을 다듬는다. 신중하게 작업해야 한다.

23 종이 사포(400→600방), 염료, 밀랍왁스를 반복하며 단면을 마감한다. 색이 묻어나오지 않을 때까지 천으로 광택을 내야 가방 안에 넣는 물건이 염료에 착색되지 않는다.

CHECK!

  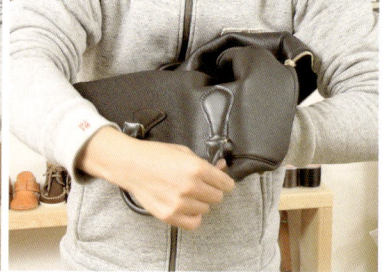

24 드디어 가방을 뒤집을 차례. 난폭하게 뒤집으면 주름이 생기므로 뒤집는 순서도 신경 써야 한다. 먼저 위쪽부터 뒤집는다. 바닥의 모서리를 안쪽에서 누르고, 바닥이 구겨지지 않도록 조심해가면서 한 번에 뒤집는다. 주름이 생기지 않게 하는 것이 제일 중요하다.

■ 마무리

막 뒤집었을 때는 파이핑이 안쪽에 박혀있으므로 본판과 옆판을 눌러서 파이핑이 튀어나오도록 한다. 이렇게 하면 오른쪽 사진과 같은 상태가 된다. **25**

슬라이더에 고리를 끼운다. 이번에 사용한 양날 슬라이더는 스프링이 있어서 누르기만 해도 고리를 뺄 수 있다. 오른쪽은 지퍼에 고정한 상태. 강도는 부드럽다. **26**

SPECIAL THANKS

수준 높은 가방 제작 기법을 배우는 가정형 가방 교실

수준 높은 서류가방의 제작을 알려주신 분은 오카다 수제품 가방 교실의 대표인 오카다 씨입니다. 이 수업에서는 핸드메이드 가방 제작 기법을 '가죽의 성질', '입체 구조', '섬세한 바느질'과 같은 관점에서 종합적으로 배울 수 있습니다. 또 기본을 중시하는 오카다 씨의 수업에서는, 우선 자신에게 맞는 도구로 수업을 시작합니다(주로 1~3회까지는 도구를 만듭니다). 그 후, 소품을 제작하며 서서히 가죽에 익숙해진 뒤에 가방을 제작하는 커리큘럼으로, 기초에서 수준을 차근차근 올릴 수 있습니다. 수업은 토, 일, 월요일. 10:00~15:00, 15:30~20:30의 2부제이며, 빈 자리가 있으면 어느 반이라도 다닐 수 있게 되어 있습니다. 가방 만들기를 배우고 싶다면 상세를 홈페이지를 참조 후, 메일로 문의하세요.

오카다 손바느질 가방 교실
도쿄도 북구 타바타 신마치 3-15-8
URL http://www.bekkoame.ne.jp/ha/leather/

TETSUYA OKADA

오카다 데쓰야 씨
가방은 60년 경력의 백전노장인 이시와타리 미쓰오 씨에게 사사했습니다. 독학으로 공부한 부분도 많습니다. 가방 만들기 뿐 아니라 도구 기획·제조도 함께 하고 있습니다.

1 한 반의 정원은 10명입니다. 취미로 배우는 사람부터, 프로를 목표로 하는 사람까지 다양한 사람들이 수강합니다.

2 가방을 만들 때 모르는 것이 있어도 즉석에서 질문하면 자세하게 일러 줍니다. 소수 정예 수업만의 장점입니다

3 오카다 씨가 만든 소품들. 이러한 작품을 보면서 학생은 뭘 만들지를 결정합니다.

4 우선 카드 케이스와 같은 소품에서 시작해서 익숙해지면 포셰트 같은 작은 가방을 배웁니다.

5 이 수업에서는 도구의 준비, 가죽 다루는 방식의 기본과 같은 기초부터 시작하고 최종적으로 드레스 백과 같은 고급 수준의 가방 제작도 배울 수 있습니다.

가죽공예 업체 정보

Japan

And Leather 아사쿠사 바시점
도쿄도 다이토구 아사쿠사바시 1-21-1
TEL/FAX 03-3865-8017 영업시간 10:00-18:30 휴일 일
Web http://www14.plala.or.jp/kutuya/ Mail d-west@imail.plala.or.jp
초보자도 부담없이 살 수 있는 편안한 가죽 재료 상점. 자투리 가죽은 저렴한 가격에, 진기하고 고가의 가죽도 합리적인 가격으로 장만할 수 있다. 도내에 총 7개 지점이 있다.

주식회사 가라사와 상점
도쿄도 치요다구 소토칸다 4-4-3
TEL 03-3253-7921 Fax 03-3253-7922 영업시간 10:00-19:00 휴일 1월 1~4일
Web http://kawaya.jp Mail info@kawaya.jp
일본 제일의 전자 상가, 도쿄의 아키하바라의 가죽 업체. 자투리 가죽에서 한 장 가죽까지 저렴한 가격을 자랑으로 내세운 가게. 공구와 관리 용품, 가방 부자재도 적당히 갖추어져 있다.

가죽 가게 가시노키
나가노현 스와시 스에히로 2-13
TEL 0266-52-4553 FAX 0266-52-6567 영업시간 10:00-19:00 휴일 일
Web http://www.lcv.ne.jp~kasinoki/ Mail kawanomise@gmail.com
맞춤형으로 가죽 제품을 주문 제작한다. 가죽공예에 필요한 재료와 공구도 판매하고 있다. 테디 베어의 작품 콘테스트에서 그랑프리를 수상한 경력도 있다

크래프트숍 아이산
아이치현 나고야시 니시구 죠세이 2-20-17
TEL 052-521-9567 FAX 052-521-9570 영업시간 9:00-18:00 휴일 토·일, 공휴일
Web http://www.aisan-shoukai.co.jp Mail info@aisan-shoukai.co.jp
링도트, 콘쵸, 키링 등의 소품용 금속장식부터 가죽, 공구, 염료까지 가죽공예 재료를 풍부하게 갖추고 있다. 레벨에 따른 다양한 수업도 개최하고 아틀리에 렌탈도 하고 있다.

크래프트하우스 덴신점
후쿠오카현 후쿠오카시 주오구 덴진 2-3-10 덴진 파이크레스트 201
TEL 092-771-6836 FAX 092-771-6837 영업시간 10:00-18:30 휴일 일, 공휴일
Web http://www.crafthouse.jp
후쿠오카의 중심지 덴진에 있는 크래프트 재료숍. 병설 클래스에서 레더크래프트, 손바느질 강좌, 가죽 패션 소품 강좌 세 개의 강좌를 들을 수 있다. 고쿠라시에 지점이 있다.

크램
시즈오카현 누마즈시 다카토리쵸 13-15
TEL 055-922-2023 FAX 055-922-2079 영업시간 10:00-18:30 휴일 수, 두번째 토, 일
Web http://www.shop-cram.com
오랜 기간의 수업과 제작 경험을 바탕으로 한 스타터 세트, 키트 등의 오리지널 상품과 소품을 저렴한 가격에 판매하고 있다.

seiwa 다카다노바바점
도쿄도 신주쿠구 시모오치아이 1-1-1
TEL 03-3364-2112 FAX 03-3364-2115 영업시간 9:30-18:00 휴일 일, 공휴일
Web http://www.seiwa-net.jp
쇼와 23년 창업 이래 가죽공예 재료와 염색 재료의 개발, 판매, 염색 스쿨을 운영해 왔다. 고품질 공예 도구가 인기이고, 마감제나 염료 등 화학 제품에 주력하고 있다. 시부야에 지점이 있다.

종합 레더 크래프트 스즈란
나가노현 마스모토시 미나미마모토 1-2-2
TEL 0263-25-3311 FAX 0263-28-7887 영업시간 10:00-18:00 휴일 무휴
Web http://www.leather-suzuran.jp Mail info@leather-suzuran.jp
레더 크래프트 숍으로 30년 이상의 역사를 가진 가게. 재료, 도구류를 판매하고, 수업도 개최하고 있다. 온라인에서는 공구와 가죽의 사용법, 만드는 방법을 알려주고 있다.

NAKASEN (주식회사 나카무라 센노스케 상점)
도쿄도 다이토구 아사쿠사 7-2-16
TEL 03-3874-5311 FAX 03-3874-5348 영업시간 9:00-17:30 휴일 토, 일, 공휴일, 연말연시
Web http://www.nakasen.co.jp Mail info@nakasen.co.jp
다이쇼 시대부터 가죽 제품을 제조하고 판매해 온 전문점. 탄닌 가죽부터 옷이나 주머니 등에 사용하는 컬러풀한 가죽, 친환경 가죽 등도 구비하고 있다.

팔리
도쿄도 네리마구 가미샤쿠지이 1-11-10
TEL 03-3920-3850 FAX 03-3920-3886
Web http://www.parley.co.jp Mail info@parley.co.jp
도치기 가죽을 사용한 레더 크래프트 키트인 '대지의 가죽' 시리즈가 인기인 가죽 공방. 각종 공구와 다양한 완성품을 온, 오프라인에서 구입할 수 있다.

Hand made Custum Leather's Awake (주식회사 ☆N FACTORY)
가나가와현 요코하마시 나카구 아케보노쵸 3-32 와인플라자 1F
TEL 045-241-8620 영업시간 11:00-22:00 휴일 부정기
Web http://www.kawazairyo.com Mail kawazairyo@lake.ocn.ne.jp
독자적으로 만든 가죽과 공구를 라인업하여 판매하고 있다. 오리지널 공구는 장인이든 초보이든 잘 맞으므로 모든 사람에게 권할 만하다.

핸즈 다카오카 후쿠오카점
후쿠오카현 후쿠오카시 나카구 다이묘 1-5-2
TEL 092-713-5088 FAX 092-713-5124
영업시간 월~토 9:00-18:00 2, 4째 일요일 11:00-18:00 휴일 공휴일
Web http://www.e-hands.jp Mail n.simo@e-hands.jp
후쿠오카에서는 '가죽의 다카오카씨'라는 별명으로 사랑받는 가게. 가방용 장식이나 콘츠류, 전문서적도 다루고 있다. 소가죽 뿐 아니라 특피도 많이 구비되어 있다. 오무타시에 지점이 있다.

유한회사 이즈미
후쿠오카현 후쿠오카시 하카타구 나라야쵸 9-20
TEL 092-281-4803 FAX 092-281-4807 영업시간 9:00-18:00 휴일 2, 4째 토, 일
Web http://www.izumikou.com Mail syugei@izumikou.com
가죽공예와 염색의 재료를 갖춘 전문점. 신발과 가방 재료나 수리용품, 염색재료 등, 공구와 재료를 한번에 살 수 있다. 가죽 키트의 기본도 전시되어 있다.

유한회사 하마마스 크래프트
시즈오카현 하마마쓰시 나카구 하야우마쵸 2-7
TEL 053-452-2089 영업시간 월~토 9:30-19:00 일 10:00-17:00 휴일 공휴일
시즈오카현 하마마쓰시의 오래된 재료전문점. 공구, 재료류는 물론, 가죽 수리나 오리지널 각인도 제작할 수 있다. 손바느질을 시작하는 사람에게는 도구나 재료 사용법을 설명해 준다.

유한회사 레더 메이트 사토
도쿄도 타이토구 야기하시 2-8-5
TEL 03-3866-0166 FAX 03-3866-0167 영업시간 9:30-18:00(토 9:30-17:30) 휴일-일, 공휴일
Web http://www.w-up.com/sato/index.htm Mail leather-mate.sato@w6.dion.ne.jp
가죽의 종류가 다양하고 재고도 충분하다. 아르마딜로와 코끼리 등 진귀한 가죽과 물개, 램, 너구리 등의 모피가 귀여운 오리지널 가죽 소품도 인기

레더크래프트 다카타
히로시마시 나카구치쵸 12-20 TEL 082-222-5340 FAX 082-222-5657
영업시간 10:00-18:00 Web http://www.kawakobo-tkt.com
가죽공예 재료 판매 전문 매장과 가죽 공예 교실을 병행하고 있다. 재료를 구매할 때도, 도구나 제작 공정에 대한 상담을 할 때도 늘 정중하게 응한다.

월렛 케이스

BASIC TECHNIC

레더크래프트 팔레트
아이치현 나고야시 미도리구 이케가미다이 3-110-27
TEL/FAX 052-838-8966 **영업시간** 11:00-18:00 **휴일** 목, 일, 공휴일
Web http://p-leather.net/ **Mail** palette@p-leather.net
오리지널 크래프트 키트와 소품, 공구, 재료 등을 판매한다. 가죽 고르는 법부터 만드는 법까지 정확하게 설명해준다. 바이커 굿즈의 제작도 병행하고 있다.

레더크래프트 피닉스
오사카부 오사카시 나니와구 시키쓰히가시 1-4-17
TEL 06-6632-1327 **FAX** 06-6643-7391 **영업시간** 9:00-17:30 **휴일** 일, 공휴일
Web http://www.l-phoenix.jp **Mail** kaz@wonder.ocn.ne.jp
가죽공예용 가죽부터 도구까지 다양한 제품을 갖춰놓아 초보부터 프로까지 이용할 수 있는 숍. 또한 가죽 피할 가공이나 작품전, 이벤트 수업의 정보 등도 안내하고 있다.

LEATHER SHOP 메이무
이와테현 모리오카시 오도리 2-2-15 사와야 서점 3F
TEL 019-653-3525 **영업시간** 11:00-18:00 **휴일** 일, 공휴일
Web http://www.meimu.com **Mail** shop@meimu.com
가죽공예 재료를 주로 판매하는 숍. 오더메이드 주문도 받고, 타 메이커 가죽 제품도 판매 및 수리를 해주고 있다. 가게는 핸드메이드 제품으로 꽉 차있다.

레프티즈 레더크래프트
시마네현 마쓰다시 쓰다초 698-9
TEL 0856-27-2102 **FAX** 0856-27-2102 **영업시간** 9:00-18:00 **휴일** 월
Web http://leathertools.jp **Mail** lefty-info@h8.dion.ne.jp

카빙용품 전문점
오너 레프티 미쿠니씨는 90년대에 셰리단 스타일 카빙을 처음으로 일본에 소개한 인물이다.

크래프트 파츠야
Web http://www.rakuten.co.jpauc-craftparts/ **Mail** suwawa2006@craftparts-wayuu.co.jp
스냅단추, 버클 등을 판매하는 온라인 사이트. 상품 종류가 많고 일찍 주문시 당일 발송 가능하다.

슈겔
Web http://www.shugale.com
수제 가죽 작품을 좋아하는 사람들에게 인기인 수공예숍. 가죽공예 공구, 재료는 물론 초보용 키트나 스타터 세트까지 레더크래프트에 필요한 제품을 풍부하게 갖추고 있다.

레더 크래프트 닷제이피
Web http://www.leathercraft.jp **Mail** info@leathercraft.jp
레더 크래프트용 국내외 재료를 염가로 판매하고 있다. 반장 가죽, 재단 가죽, 벨트, 레이스 등은 0.1mm 단위까지 피할할 수 있다.

레더 마니아
Web https://leathermania.jp **Mail** mail@leathermania.jp
월 10만명 이상 방문하는 인기 온라인숍, 대중적인 가죽은 물론 마니악한 재료도 저렴한 가격에 살 수 있다. 초보부터 프로까지 광범위한 니즈를 충족해주는 풍부한 제품 구성이 매력

LEATHER WORKS
Web http://www.leatherworks.jp **Mail** info@leatherworks.jp
다양한 가죽과 재료를 합리적인 가격에 제공한다. 스터드, 도트, 콘쵸 등 장식품의 종류도 많다. 입문자부터 프로까지 가죽공예인 대상으로 기술 서포트도 하고 있다.

Korea

한국의 주요 가죽공예 재료 업체를 소개합니다. 지면 관계상 소개하지 못한 좋은 업체도 많으니 가죽공예 업체가 모여있는 신설동, 성수동에서 발품을 팔아 나만의 가게를 찾아봅시다.

다비가죽
서울특별시 동대문구 난계로30길 55 **TEL** 070-8866-7830
국내외 디자이너 브랜드에 쓰이는 가죽 및 부자재 판매 업체. 가죽이 종류와 컬러에 따라 다양하게 구비되어 있고 맞춤 생산도 겸하다. 컬러를 다양하게 주문생산할 수 있고 품질도 좋다. 도소매를 함께 하고 있어 수량과 예산에 따라 선택의 폭이 자유로운 판매처다. 반제품, 패키지 주문도 가능.

강서미싱
서울특별시 강서구 화곡로 189 **Web** http://sewing-u.com
일본의 유명 미싱 브랜드 주끼의 한국 공식 대리점. 주끼 뿐 아니라 니피, 선스타 등 타 브랜드와 자체 개발 미싱기도 취급하며, 제품 수리도 겸하고 있다. 미싱 관련 부자재를 구입할 수 있다.

다양상사
서울특별시 종로구 난계로27길 33 **Web** http://leathercrafttool.co.kr
한국 최대 규모의 가죽 부자재 종합 숍 중 하나. 가죽을 제외한 모든 종류의 부자재와 장식을 살 수 있다. 신설동에 매장이 있으며 온라인으로도 구매할 수 있다. 대량 주문 시 할인 가능

돌도끼
서울특별시 강남구 양재천로 187 지하 1층 **Web** http://doldokki.com
현직 오토모빌 디자이너의 대표가 직접 디자인하는 수제 목타, 구두칼, 송곳. 하이츠강으로 만든 날은 매우 단단하며 디자인도 유려하다. 오더 메이드 방식으로 주문 후 완성까지 최소 2주 이상 소요.

레더박스
서울특별시 광진구 자양동 774-25 202호 **Web** http://leatherbox.kr
최근 세계적으로 인기를 얻고 있는 트렌디 제품인 에이미로크와 유에펑의 공식 수입사. 세련된 디자인의 그리프와 클램프가 대표 상품이며, 리넨사의 품질이 좋으면서도 가격이 합리적이다.

레더필
서울시 성동구 성수이로7가길 23 **Web** http://leatherfeel.kr
다양한 컬러의 소, 염소, 양가죽을 판매하는 도소매 가죽 가게. 온라인에서 컬러별, 재질별 가죽을 고를 수 있으며 성수동 오프라인 매장에서는 완제품 및 도구의 위탁 판매도 겸하고 있다.

드림팩토리
경상남도 창원시 마산회원구 자유무역3길 184 5호동 6층 **Web** http://dreamfactorykr.com
피혁기계 도구, 기계 제작 전문업체. 포니와 불박기를 주력으로 판매하고 있다. 지속적으로 제품 성능을 보완, 업그레이드 하고 있으며 국산 브랜드여서 AS가 가능한 것이 가장 큰 장점이다.

신영 피할 / 보성 피할
신영 서울 종로구 종로66가길 16 1층 보성 경기 부천시 소사로 904
수도권의 대표적인 피할 가게. 한 장 가죽은 물론, 재단 가죽도 피할할 수 있다. 신영 피할은 신설동, 보성 피할은 부천 고강동에 위치하고 있다.

에쩨르레더
서울특별시 종로구 난계로30길 32 **Web** http://www.ezerleather.com
미네르바 복스, 브라이들 등 유럽의 고급 태너리에서 생산된 가죽을 취급하는 업체. 슈링크 카프나 박스 카프와 같은 범용적인 가죽부터 시계줄에 쓰이는 바레니아와 같은 특수 가죽도 있다.

작당
서울시 구로구 개봉로44-1 2층 **Web** https://smartstore.naver.com/jackdang
태화철형 이라는 명칭으로 더 유명한 가죽공예 관련 철제 공구 제작 업체. 독창적인 패키지를 만들거나 공동 작업실에서 가죽공예 모임을 개최하는 등 사용자 입장의 개발에 주력하고 있다.

[가죽공예 가이드북의 가죽 패키지를 구입할 수 있는 쇼핑몰]

벨커스
경기도 시흥시 은계번영길 19 **Web** https://www.벨커스.com
가죽공예 전문 종합편집샵. 가죽 DIY KIT, 가죽공예도구와 부자재, 소량가죽, 가죽공예관련 서적 등 공방을 방문하지 않고 집에서 가죽공예를 즐길 수 있는 각종 제품들을 판매하고 있다. 취미용 KIT 뿐 아니라 기업체 및 단체 교육용 KIT도 생산 가능하다. 상담을 통해 맞춤 주문, 생산이 가능하여 도매, 소매, 취미, 전문가 패키지를 취향에 맞게 고를 수 있다.

누구나 쉽게 하는 가죽공예 핸드메이드 가죽가방 만들기

PRODUCTION OF HANDMADE LEATHER BAG

발 행 일 2018년 10월 15일 (초판 1쇄)
2022년 8월 15일 (초판 3쇄)

일본어판
- **편 집** 사쿠마 노리코, 고토 히데유키, 오시마 아키라, 세키네 게이치, 나메키 마코토, 우스이 도시아키, 오카다 가즈야, 이소이 게이스케, 하치카와 유스케, 이와타 루이, 가와마타 히사코, 도미타 신지
- **디 자 인** 노세 가요코, 고지마 신야, 미쓰하시 쇼, 가스야 에미
- **사 진** 우에다 마사카쓰, 후타미 유지, 시바타 마사토

한국어판
- **감 수** 박혜정 [박혜정 가죽공예학원]
- **번 역** 위크래프트
- **편 집** 위크래프트, 정성학
- **발 행 인** 박관형
- **발 행 처** ㅁㅅㄴ(MSN publishing)
  주소 [08271] 서울시 구로구 경인로20나길 30, A508
  웹 http://msnp.kr
  메일 mi-sonyeo@naver.com
  FAX 0505-320-2033

I S B N 979-11-87939-17-7 16630

DAREDEMO DEKIRU TENUGUI KAWA KABAN NO TSUKIRI KATA
Copyright © STUDIO TAC CREATIVE CO., LTD 2009
Photo by Masakatsu Ueda, Yuji Futami, Masato Shibata
All rights reserved.
First original Japanese edition published by STUDIO TAC CREATIVE CO., LTD
Korean translation rights arranged with STUDIO TAC CREATIVE CO., LTD through CREEK&RIVER Co., Ltd. and CREEK & RIVER ENTERTAINMENT CO., Ltd.

이 작품의 한국 내 저작권은 크릭 앤 리버 엔터테인먼트를 통해 저작권자와 독점 계약한 ㅁㅅㄴ이 소유합니다. 저작권법을 통해 보호받는 저작물이므로 무단 전재와 복제 등 허락없는 사용을 금지합니다.

- 주의 -

- 이 책은 장인들의 지식 및 작업, 기술을 바탕으로 독자에게 도움이 된다고 판단한 내용을 재구성하여 출판하였습니다. 스튜디오 택 크리에이티브 및 취재원들은 작업의 결과나 안전성을 보장하지 않습니다. 작업에서 발생한 물적 손해와 상해에 대해, 출판사에서는 일체의 책임을 지지 않습니다.
- 사용하는 기구나 가죽을 변형하거나 설명서와 다르게 사용하면 오류가 생기고 사고 등의 원인이 될 수 있습니다. 제조사가 권장하지 않는 방식으로 사용했을 때의 결과에 대해서는 보증하지 않습니다.
- 책에 게재한 상품이나 서비스의 명칭, 사양, 가격 등은 예고 없이 변경될 수 있습니다. 또 소개된 공구와 재료는 현재 판매하지 않을 수 있습니다.
- 사진이나 내용이 일부 실물과 다른 경우가 있습니다.